GRATITUDE

EMPOWER YOUR GRATITUDE

毎日を好転させる

感謝の習慣

スコット・アラン

弓場 隆 訳

Discover
ディスカヴァー

この世には美しい山や谷、静かな湖がたくさんある。
草木が生い茂る森林、野花が咲き乱れる平原、白砂に覆われた海岸も各地に点在する。
毎日、朝日が昇り、夕日が沈み、夜空には無数の星が輝く。
この世にもっと必要なのは、それを見て楽しみ、感謝をささげる人たちだ。

マイケル・ジョセフソン（アメリカの詩人）

巻頭のメッセージ

本書でこれから学ぶことをいつも念頭において行動するなら、
きっと大きな変身を遂げ、憧れていた幸せな人生が手に入るだろう。

はじめに

私たちはふだんの生活の中で、とかく不平を言いがちである。実際、さまざまなことに不満を抱き、愚痴をこぼし、小言を言う人があまりにも多いのが現状だ。

どのような振る舞いであれ、たびたび繰り返していると、やがてそれは定着する。だから事あるごとに不平を言っていると、いずれそういう姿勢が染みつき、四六時中、文句や悪口ばかり並べる厄介な性格になりかねない。

本書の目的は、そんな状況を改善し、最高の自分になって、かつてないほど深い満足感を得る手助けをすることだ。

本書は、感謝の心を持つことの重要性を説く教訓の集大成である。人生のすべての分野で感謝をささげると多大な恩恵に浴する理由を説明するとともに、ふだんの生活の中で感謝の心をはぐくむ方法を紹介しよう。

どの章も非常に簡潔で読みやすいので、誰でもすぐに理解できる。ただし、すぐに理解できるからといって、その内容が人生で大きな意味を持たないというわけではない。**本書で学んだことについてじっくり考えれば、きっと驚くような発見につながるだろう。**

全体をざっと通読するにせよ、一つひとつの教訓を丹念に検証するにせよ、感謝の心に秘められた魔法を活用する唯一の方法は、各章の提案を実行することである。読んで納得するだけでは十分ではない。読んで学んだことを実行して初めて成果が得られる。

だから、幸せな人生を手に入れるために、本書で学んだことを実行しよう。**いつも感謝の心を持つことを習慣にすれば、感情、思考、振る舞いに大きな変化が起こり、あなたはめざましい進化を遂げることができる。**感謝の心には、それぐらい強い力がある。

身の回りのものに感謝することは、不安と苦悩をやわらげ、魂を癒してくれる妙薬だと言っても過言ではない。常に感謝の心をはぐくめば、人生は劇的に変わる。

スコット・アラン

GRATITUDE　毎日を好転させる感謝の習慣　目次

Part 4 感謝の心とマインドフルネス

Part 5

感謝の心で試練を乗り越える

Part 6

感謝の心を実践する

Part 7

感謝と人間関係

序章

感謝の心に秘められた大きな力

感謝の心には、喜びをわき上がらせ、幸福感を高める強力な作用がある。

エイミー・コレット（アメリカの作家）

感謝の心は日ごろ見過ごされがちだが、じつはとても大きな力を持っている。もちろん、素早く動くための瞬発力や長距離を走るための持久力が得られるわけではない。しかし、困難を乗り越える精神力、逆境をはね返す意志力、恩恵に気づく洞察力が得られる。

感謝の心を持つことは、幸福感を高め、挫折から立ち直る力をつけ、抑うつとストレスをやわらげ、愛する人たちとのきずなを深めるのに役立つ。実際、これは多くの研究で証明されている。

感謝の心を持つと、大きな幸せに包まれ、人生の質が向上する。また、免疫力を高め、睡眠を改善し、血圧を下げ、病気を予防することもできる。さらに、他人に思いやりを持ち、寛大な気持ちで相手を許し、人生に満足して充実感を得ることができる。

感謝の心を持った瞬間、それまで見落としていた多くの恩恵に深い喜びを感じるようになる。たとえば、高級車を所有していないことに不満を抱いていても、いつも運転している軽自動車のおかげで便利な生活を送っていることに感謝すると、世界中の多くの人が自転車すら持っていないことに気づくだろう。

感謝の心をはぐくむと、ふだんの生活の中で「持っていないもの」ではなく「持っているもの」に意識を向けるようになり、自分が受けている恩恵に気づくことができる。そして、この気づきは生き方に革命的な変化をもたらす。これは単なる理論ではなく科学的に立証されている。

――科学的に明らかになった感謝の心の効用

人材開発事業を手がける多国籍企業のワークヒューマン社は、「健全な企業文化をつくる秘訣は、感謝の心を持つことだ」と主張している。

また、同社のエリック・モーズリー社長は「感謝の心を持って働くことは、生産性を高め、繁栄を築き、喜びを得る原動力になる」と強調している。

では、感謝の心に関する科学的根拠はあるのだろうか？

それについて説明しよう。

脳内のふたつの重要な神経伝達物質は、ドーパミンとセロトニンである。

ドーパミンは気分を改善し、幸福感を高め、情熱をかき立て、自信を育て、心の平和をもたらす。

ドーパミンの分泌を促すさまざまな要因の中でとりわけ重要なのは、感謝の心を持つことである。

人生のよい面に感謝するたびに、脳はドーパミンを分泌する。その結果、気持ちがよくなり、それをもっとほしくなるので、さらに楽しいことを考え、ポジティブな感情を維持し、人生のよい面により意識を向ける。

また、**感謝の心は仲間意識を高めるから、周囲の人と良好な関係を築くことができる。**その結果、連帯感が生まれるので、団結力が強まり、チームワークが向上する。さらに、目標達成のために全員が一丸となって情熱を燃やし、成果を上げることによって幸せを分かち合うことができる。

一方、**仕事やプライベートに関してポジティブな側面に意識を向けると、脳はセロトニンを分泌する。**セロトニンには気分を盛り上げる働きがあるから、抗うつ薬に似た作用を持つ。その結果、たちまち元気が出て、人生でうまくいっていることに意識を向け、落ち着きを取り戻すことができる。

ドーパミンとセロトニンというふたつの神経伝達物質の恩恵をふんだんに受けたいなら、常に感謝の心を持つ必要がある。身の回りのものに感謝すればするほど、ドーパミンとセロトニンがたくさん分泌される。

——感謝の心が持つ作用の研究

研究者たちは、感謝の心が持つ作用を調べた。まず、参加者たちを3つのグループに分け、全員に同じカウンセリングをおこなった。

次に、最初のグループは、3週間にわたって週1回のペースで誰かに感謝の手紙を書くように指示された。

2番目のグループはネガティブな経験を手紙に書くように指示され、3番目のグループは何も書かないように指示された。

その結果、驚くべきことがわかった。

感謝の手紙を書いた人たちは、ネガティブな経験を手紙に書いた人たちや何も書かなかった人たちより幸せで穏やかな気持ちになったのである。つまり、**感謝の心を持つと、人生に対してよりポジティブになれる**ということだ。

感謝の心を持つことは、精神的に満たされている人にだけ効果があるのではない。それはすべての人に効果がある。精神的に苦しんでいる人にとっては、とくにそうだ。さらに、心理療法を受けながら感謝の心をはぐくむと、単に心理療法を受けるだけよりずっと大きな成果が得られる。なぜなら、このふたつを組み合わせると相乗効果を発揮するからだ。

感謝の心が非常に強い力を持ち、幸せな人生を送るのに役立つことが、これで理解できただろう。

――ふだんから感謝する習慣を身につけよう

当然、引き締まった体をつくるには、定期的に運動しなければならない。鍛えれば鍛えるほど筋肉は強くなる。じつは、これは感謝の心も同様である。

身の回りのものに感謝する習慣を身につけると、脳の中でそれをつかさどる神経回路が強くなる。

何かをたびたび実行すると、そのための神経回路が脳の中で強くなり、やがて自動的にそれができるようになる。つまり「自動モード」である。

たとえば、車の運転のように少し練習すれば自然にできるのがそうだ。いったん脳の中で神経回路が強くなり、意識しなくてもできるようになると、それは自動モードになって習慣化する。

とすれば、**先行きが見えないときに希望を持ち、物事がうまくいかないときでも前向きに考えるためには、ふだんから感謝する習慣を身につけて、それを自動モードにする必要がある。**

毎日、身の回りのものに感謝し、そのための神経回路を強くしよう。そうすれば、どんなに苦しい状況の中でもよいことが見つかり、逆境を克服して前進する力が得られる。

本書がきっかけとなって、あなたが常に感謝の気持ちにあふれた、前向きで、より快活な人になることを願ってやまない。

本書の使い方

前述したように、本書には多くの教訓が書かれ、そのすべてが感謝の心の重要性を説いている。どの章も簡潔かつ的確で、ふだんの生活に取り入れやすいように具体的な提案が記されている。

本書から得られる有益な知識をかいつまんで列挙しよう。

- 感謝の心がもたらす多大な恩恵
- 感謝の心が精神と肉体に与える好影響
- 感謝のエネルギーを使って、ほしいものを手に入れる方法
- 「欠乏意識」に対する正確な理解と、それを豊かさ意識に転換する方法

- 感謝の心とは正反対のものに対する理解
- マインドフルネスの実践と、それが感謝の心をはぐくむプロセス
- 感謝の心が持つ癒しの力を活用する方法
- 与えることが持つ素晴らしい力を実感する方法
- 感謝の心を破壊する悪魔を撃退する方法
- 感謝の心をはぐくんで人間関係を改善する方法
- 感謝の心をはぐくんで仕事で成功する方法
- 感謝の心をはぐくんで夢や目標を実現する方法

本書の教訓を学べば、感謝の心を持つことが容易になる。感謝の心はやがて人生のすべての分野に浸透し、あなたに心の平和をもたらすだろう。

本書は簡単に読める。最初から順番に読み進める必要はない。目次をざっと見て、人生を改善するのに役立つ教訓が得られそうな章を選んで読むといい。しかし、もし段階を追って読むのが好きなら、どの章にもじっくり時間をかけて、ていねいに読み進めよう。

本書の利点は、どのように読んで教訓を生かすかが決まっていないことだ。それはあなた次第である。大切なのは、学んだことをふだんの生活に取り入れることだ。**私が本書を書いた目的は、あなたが常に感謝の心を持ち、楽天的で満ち足りた気分になり、ふだんの生活で幸せを感じるのを手助けすることである。**本書で紹介されている方法をたえず実行すれば、予想をはるかに超える大きな収穫が得られるだろう。

本書を活用する最善のやり方は、ひとつの教訓を選んで、それを書きとめ、ふだんの生活に取り入れる方法を探り、数日間実行してみて自分の進歩を見きわめることだ。そして、それができたら次の教訓に取り組む、というように着実に進歩を続けるといい。

その結果、わずか数週間後には心構えや振る舞い、意思決定に大きな変化が現れるだろう。それがポジティブなものであることを、私は確信している。

本書は7つのパートから成り、そのどれもが感謝の心に関する教訓をさまざまな角度から紹介する複数の章で構成されている。したがって、必ずしも最初から読む必要はなく、現在のニーズにもとづいて適当な章を選んで読めばいい。

――感謝の心をはぐくんで素晴らしい人生を送ろう

知恵は他の人と共有して初めてはぐくまれる。これは感謝の心にも当てはまる。したがって、本書のコンセプトを役立てようとするなら、あなたへの要望はたったひとつだ。

本書で学んだことを、家族や友人、近所の人、同僚など、人生で出会うすべての人と共有してほしい。

感謝の心は、人間関係の改善、健康の増進、人生の質の向上に役立つ特効薬だと言える。実際、感謝の心をはぐくむことによって、相手との信頼を深め、免疫力を上げ、情熱を燃やして充実した日々を過ごすことができる。

あなたの生命は宇宙から授かった最高の贈り物である。

感謝の心があなたの生命をどのように躍動させるかについて、これから徹底的に探ってみよう。

私は著者として、感謝の心をはぐくんで素晴らしい人生を送るために必要な知識を、余すところなく伝授するつもりだ。

本書は夢をかなえるためにある。

ぜひ、あなたも夢をかなえてほしい。

Part

1

感謝の心がもたらす多くの恩恵

自分にないものを嘆かず、自分にあるものに喜びを見いだすのは賢者の証しである。

エピクテトス（古代ギリシャの哲学者）

感謝の心は、多くの恩恵を引き寄せてバランスのとれた幸せな人生を実現する力を持っている。自分の持っているものがすでに十分であり、それに満足して暮らせば、おのずと幸せを感じるだろう。

感謝の心を持つと、人生で大きな喜びを実感することができる。感謝の心に秘められた力を活用し、それがもたらす恩恵をふんだんに受けよう。

第1章

人生を変える感謝の心

私は感謝の心を持ち、人生に満足している。感謝の心は神聖な感情だ。それは喜びをもたらし、とても温かい気持ちにしてくれる。

シャーロット・ブロンテ（イギリスの小説家）

どんなに厳しい現実に直面しようと、感謝の心を持っているなら、見落としがちな恩恵に気づくことができる。**たとえ物事がうまくいかないときでも、感謝の心を持っているかぎり、困難の中に希望を見いだして、人生の素晴らしさを忘れないようにポジティブな姿勢を維持することができる。**

感謝の心は人生を変える力を持っている。それがどのようなものかを説明しよう。

① 強欲を抑える

持っているものに気づき、それに感謝することは、満足感や充足感をもたらす。きっとふだん多くの恩恵を受けていることに幸せを感じるだろう。

たとえば、豪邸に住んでいないことを不満に思うのではなく、家に屋根がついているおかげで雨風を防げることに感謝しよう。**感謝の心を持つと、強欲を抑えることができ、むやみにもっとほしがる気持ちがなくなる。**

② 共感力と寛容の精神を養う

感謝の心を持つことによって、もっとほしがる気持ちがなくなると、人生全般に対する満足度が高まり、自分の利益だけを考えるのではなく、他人の苦しみに共感することができる。その結果、他人に思いやりを持ち、ふだん受けている恩恵を共有したくなる。

自分が十分に恵まれていることに気づくと、心を開いて寛容の精神を養うことができる。あなたは「相手を気づかって広い心で分かち合う」ことを信条として行動し、困っている人たちに救いの手を差し伸べる慈悲深い人になる。

③ 自信を生み出す

他人に思いやりを持って救いの手を差し伸べ、相手の顔に笑みが浮かぶのを見ると、自分の人間性に自信が持てるようになる。

また、たえず不平不満を言う癖から解放されると、人生のより重要な課題に意識を向けるから生産性が高まる。その結果、課題を素早く仕上げることができ、ますます自信がわいてくる。

④ 楽観主義と粘り強さを育てる

感謝の心とネガティブな感情を同時に持つことはほぼ不可能である。感謝の心をはぐくむと、喜びや希望などのポジティブな感情を持つことができる。その結果、どんな状況でもネガティブな要素を排除し、ポジティブな要素を追求するようになる。

逆境に見舞われてもポジティブな要素を追求すると、「いずれ状況が好転し、よりよい時期が来る」と確信することができる。その結果、あなたは粘り強さを発揮し、楽観的な姿勢で努力を重ねる。

ある研究によると、**感謝の日記をつけるとポジティブな姿勢が5%アップするという**。別の研究によると、**感謝の日記をつけると楽観主義が15%アップする**と指摘されている。

⑤ 安心感をもたらす

持っているものに感謝すると、人生の素晴らしさに気づき、今後もよいものに恵まれると確信することができる。その結果、世の中が自分に味方してくれていると感じ、安心を得ることができる。

⑥ 愛と幸せをはぐくむ

心の中が温かい愛であふれると、すべての人と喜びを分かち合いたくなる。私たちが人生で抱える問題の大半は、身の回りのものに不平を言う癖から始まり、やがてそれは愛する人たちに対する冷淡な態度につながる。

不平を言う癖を直して感謝の心を持つ習慣を身につけると、愛する人たちにより親

切になり、辛抱強く接することができるから、壊れかけた関係を修復するのに役立つ。愛する人たちに囲まれて仲よく暮らせば、満ち足りた思いで幸せな人生を送ることができる。

⑦ 結婚生活の危機を防ぐ

よくありがちなことだが、愛情が冷めると結婚生活がうまくいかなくなる。その結果、お互いに不平不満を言い合うようになり、相手の長所に気づかなくなる。

心理学で「ロサダ比」というのがある。「感謝と不平の比率」のことで、2005年に心理学者のマーシャル・ロサダ博士とバーバラ・フレデリクソン博士によって発表されると大きな反響を呼んだ。

この比率の計算方法は、夫婦間におけるふだんのやり取りの中で、感謝や激励、支援などのポジティブな感情の数を、皮肉や嘲笑、非難などのネガティブな感情の数で割ることである。

多くの研究がロサダ比を検証した結果、この比率が0・9以下なら、ネガティブな感情がポジティブな感情より多いから、結婚生活は破綻に向かいやすく、場合によっては離婚にいたると指摘されている。一方、この比率が5・1以上なら、結婚生活はすこぶる順調で、とても満足のいく関係を築くことができる。**もし配偶者と何らかの問題を抱えているなら、毎日、相手に感謝の気持ちを伝え、結婚生活の喜びを分かち合う習慣を身につけよう。**感謝の心をはぐくめば、結婚生活は円満で長続きする。

⑧ 拝金主義から抜け出す

拝金主義は精神に悪影響をおよぼし、幸福感を破壊するおそれがある。

もちろん、より多くほしがり、より多く持つことは間違っていない。しかし、それが行き過ぎて拝金主義に陥ると、強欲を助長するおそれがある。その結果、持っていないものに意識を向け、たえず他人と比較し、人生で経験する無数の小さな喜びに感謝しなくなる。また、自分さえ得をすればいいという利己的な性格になりやすい。

多くの研究で、資産を増やそうとしてやっきになると、多大な犠牲を払うはめになり、家族や友人と過ごす時間が減るので、人生全般に対する満足度が低下すると指摘されている。

さらに、拝金主義に陥ると、自分にとって本当に大切な目標を達成するのではなく、単にお金をたくさん得ることにこだわってしまう。この傾向は幸せを台無しにし、人生の質を落とすことになる。

一方、**感謝の心をはぐくむと満ち足りた気分になるから、拝金主義を防ぐことができ、資産が増えるかどうかをたえず心配せずにすむ。**

⑨ 平和で崇高な気持ちになる

たいていの場合、宗教の指導者は感謝の心を重要な美徳として称賛する。なぜなら感謝の心は平和で崇高な気持ちにさせてくれるからだ。

また、**感謝の心をはぐくむことは、あらゆる苦悩を乗り越えて、人生をあるがままに受け入れるのに役立つ。**

⑩ 豊かな人生を実現する

過去について悩まず、すでに終わったこととして受け入れよう。未来について心配せず、何が起ころうと感情的にならずに受け入れよう。そうすれば、後悔や不安によるストレスから解放される。ストレスから解放されると、前向きな姿勢になり、生産性が高まり、人生のすべての分野でより大きな成果が上がる。

感謝の心を持つと、不平を言わずに改善に向けて集中することができる。その結果、時間と労力を最大限に活用し、人生をより有意義なものにすることができる。

以上のことは、感謝の心を持つ習慣を身につける動機づけになるに違いない。

次章では、感謝の心がもたらす健康効果に焦点をあてよう。

感謝の心は他者に対する寛容の精神を培い、健全な社交性をはぐくむ。

アントニオ・ダマシオ（ポルトガル生まれのアメリカの神経科学者）

第2章

感謝の心が精神と肉体に与える好影響

あらゆる状況でよいものを見つけるように努めれば、人生が喜びであふれていることに気づき、心がとても豊かになる。

ハロルド・クシュナー（アメリカの作家）

感謝の心は人生のすべての分野を改善する。これは誇張ではない。感謝の心は長期にわたる幸せな人生を実現する妙薬なのだ。

これまで、感謝の心が人生のさまざまな分野にどのように影響を与えるかを探ってきた。そこで、この章では、感謝の心がとくに精神と肉体の健康をどのように増進するかを説明しよう。

① ストレスを軽減し、不安をやわらげ、抑うつを防ぐ

私たちは自分の力ではどうにもならないことをたえず思い悩む。たとえば、過ぎ去った出来事を悔やんだり、これから起こるかもしれないことについて心配したりするのがそうだ。しかし、感謝の心はこういう問題を解消し、ストレスをやわらげることができる。

もちろん、感謝の心を持ったからといって、不安を完全に打ち消すことはできないかもしれないが、大きな役割を果たすことはたしかである。「これから起こるかもしれないこと」から「現在のこと」に意識を向かわせるからだ。その結果、気持ちにゆとりができて心の平和を得ることができる。

さらに、感謝の心は抑うつを防ぐことができる。抑うつの主な原因は、失敗や挫折にともなう絶望感だ。しかし、**感謝の心はふだん受けている恩恵に気づくきっかけになるので、絶望感から立ち直るのに役立ち、抑うつを防いでくれる。**

生理学的な観点から説明すると、**感謝の心をはぐくむことは副交感神経の働きを活発にし、全身のリラクゼーションを促進し、それによってストレスと緊張をやわらげる。**

②考えすぎを防ぐ

挫折は不満や心配、ストレスを引き起こし、考えすぎの傾向を助長しやすい。考えすぎると、ネガティブな思いにとらわれて、身動きがとれなくなるおそれがある。

ドイツでの２０１９年の研究によると、感謝の心はネガティブ思考を抑え、考えすぎを防ぐことが指摘されている。この研究は、**感謝の心をはぐくむことが疑念や恐怖、不安などの有害な思考を抑え、好ましくない結果を未然に防ぐ**ことを証明している。

③熟睡できる

感謝の心は睡眠を改善する。これは多くの研究で証明されている。仕事、家庭、人間関係、健康、財産のどれであれ、たえず何かについて心配すると睡眠不足の原因になるが、**感謝の心を持つと不安がやわらいで熟睡することができる。**

慢性痛を抱える65人の被験者を対象にした研究で、感謝の日記を毎日つけていた人たちは、そうでない人たちよりも熟睡していたことがわかった。また、400人の被験者を対象にした別の研究でも、感謝の心を持っている人たちは、そうでない人たちよりも熟睡していたことが判明している。

感謝している事柄を就寝前に思い浮かべると、睡眠の質が上がる。感謝の心はポジティブ思考を促し、気分を落ち着かせることができるからだ。このように、**感謝の心を持つことは、熟睡するうえで非常に大きな意味を持つ。**

心理学者のロバート・エモンズ博士とマイケル・マクロー博士は、神経と筋肉の障害を抱える人たちを対象にした重要な研究で、感謝している事柄を就寝前にリストアップするように指示した。すると数週間後、被験者はより熟睡し、朝目覚めたときに気分がすっきりしていたことがわかった。

以上の事実を総合すると、**常に感謝の心を持って生活すると、心身を整えて熟睡するのに役立つ**と言える。

④ 心臓と脳の機能が向上する

カリフォルニア大学サンディエゴ校のポール・ミルズ教授は同僚と共同で、感謝することが心臓の機能におよぼす影響を調べる研究をおこなった。のちにアメリカ心理学協会によって発表されたその研究は、**ふだん受けている恩恵に感謝すると、心不全のリスクのある患者たちの心臓の機能が向上する**ことを発見した。

別の研究では、**いつも身の回りのものに感謝すると、脳の機能が向上する**ことがわかった。南カリフォルニア大学脳科学研究所の研究者たちは、感謝することがどのように脳を変化させるかを見きわめるために、ホロコースト（ユダヤ人の大虐殺）の生存者のさまざまなエピソードを取り上げた。

研究者たちは、ホロコーストとは関わりのない20代の23人の被験者を使った。彼らはホロコーストの生存者たちが自らの経験を思い出しているドキュメンタリーを見た。その中で生存者は見知らぬ人からの衣食住の支援に感謝していた。研究者たちは被験者に、もし自分がホロコーストのさなかに誰かから救いの手を差し伸べられたらどんな気持ちになるかを想像させた。

被験者がその様子をイメージしているとき、研究チームがＭＲＩ検査で彼らの脳の画像を調べたところ、**ふだん受けている恩恵に感謝することは、脳の中の公正な道徳観念を生み出す部位である前帯状皮質《ぜんたいじょうひしつ》と前頭前皮質《ぜんとうぜんひしつ》を刺激する**ことがわかった。

⑤ 免疫力を高める

感謝の心を持つことは精神的な健康だけでなく肉体的な健康も増進する。これは単なる理論ではなく、少なくとも１３７の研究がそれを証明している。

これらの研究は、**感謝の心が手術後の速やかな回復や免疫力の向上といった好影響を与える**ことを示している。

また、科学的研究によると、**感謝の心を持っている人たちは血圧が安定し、精神疾患にもかかりにくいので、医者の世話になる必要がめったにない**ことがわかっている。

⑥ 逆境から立ち直る

感謝の心を持つと、逆境から立ち直る力が強くなる。１１０人の大学生を対象にした研究で、それが証明された。

50人の学生は常に感謝の心を持つように指示され、3か月にわたって毎日そういう趣旨のメールが届いた。一方、残りの60人はそのような指示をされなかった。

その結果、**常に感謝の心を持つように指示された学生は、他の学生に比べて、逆境に見舞われたときに立ち直る力が強い**ことがわかった。

⑦ 寿命が延びる

もちろん、感謝の心を持ったからといって、不老不死が実現するわけではない。しかし、寿命を延ばすことはできる。きっとあなたは「どうやって?」と尋ねるだろう。

これまで見てきたように、**身の回りのものにいつも感謝すると、より幸せを感じ、ストレスがやわらぎ、睡眠が改善し、心臓と脳の機能が向上し、免疫力が高まり、心身ともにより健康になるから、寿命が延びる**ことにつながる。

また、さまざまな研究が、**楽観的な人は悲観的な人より数年長生きする傾向がある**と指摘している。おそらくその理由は、楽観主義が視野を広げるのに対し、悲観主義は視野を狭めるという事実によるものだろう。

視野が狭まると、人生がうまくいかないときに適切な解決策を見つけることができず、ピンチを切り抜けるのが困難になる。その結果、心身の健康を損ない、寿命を縮めるおそれがある。

⑧ 活力がわいてくる

意外かもしれないが、感謝の心は活力と密接な関係がある。この数年来、多くの研究がそれを証明してきた。

たとえば、238人を対象にした研究で、**感謝の心と活力のあいだに明確な相関関係がある**ことがわかった。研究者たちはその理由を見きわめていないが、この作用は、前述のとおり、感謝の心が熟睡につながり、逆境から立ち直る力を強め、心身の健康を増進することに由来すると見て間違いない。

当然、ストレスがたまると精神的に落ち込みやすいから、活力は低下する。心配事をいっぱい抱え、一晩中もがき苦しみ、生産性の低さに悩み、すこぶる機嫌が悪く、心身の不調にさいなまれているときも、活力は失われる。だが、そんなときでも感謝の心を持つと、活力がおのずとわいてきて人生に対して前向きになることができる。

さらに、**感謝の心はドーパミンとセロトニンのレベルを上げる。このふたつの神経伝達物質は、自信と意欲を高めるうえで重要な役割を果たす。**これらの「幸せホルモン」が体内を循環すればするほど、あなたはますます活力にあふれ、苦難や障害を乗り越える力をつけることができる。

⑨ もっと運動するようになる

感謝の心がもたらす驚異的な恩恵をもうひとつ紹介しよう。聞いたことがないかもしれないが、この見出しは真実だ。感謝の心はもっと運動するように促すのである。96人のアメリカ人を対象にした研究で、感謝の日記をつけている人たちは、そうでない人たちよりも週に平均40分多く運動することがわかった。

研究者たちはその理由を分析していないが、これまで見てきたように、感謝の心が多大な恩恵をもたらすことを考慮すれば、感謝の心と運動のあいだに密接な関係があることに気づくはずだ。

よく眠れて、ストレスがやわらぎ、より明晰に考えることができれば、人生の重要なことに注意を払うのは容易になる。当然、それには健康の増進が含まれるから、もっと運動するという決定をくだすことができる。

感謝の心は健康を意識するのに役立ち、それが素晴らしいことだという事実に気づかせてくれる。この気づきは健康管理に注意し、運動を含めて適切な対策をとるように働きかける。

概して言えば、**感謝の心を持って楽観的であればあるほど、運動の習慣を維持することが容易になり、それによって健康を増進することができる。**

感謝の心は純粋な喜びである。感謝の心は多大な恩恵をもたらすから、あなたはそれを人生に積極的に取り入れようと努めるに違いない。

誰もがいつも幸せで、自信にあふれ、情熱を燃やし、ストレスから解放され、健康ではつらつと暮らしたいと願っているはずだ。感謝の心を持つことを習慣にすれば、それらの願いはすべてかない、さらにより多くのものが手に入る。

それを実現する方法を知りたいだろうか？
その方法については、次章でくわしく紹介しよう。

感謝の心は豊かな人生を実現する。感謝の心をはぐくめば、満ち足りた気分になるからだ。たとえば、普通の食事がごちそうになり、平凡な家屋が愛にあふれた家庭になり、見知らぬ人が親友になる。

メロディ・ビーティ（アメリカの作家）

第3章

感謝のエネルギーで、ほしいものを手に入れる

人はみな生きていることに感謝をささげるべきである。たとえ今日、多くを学ばなかったとしても、少しは学んだのだから。たとえ少しも学ばなかったとしても、病気にはならなかったのだから。たとえ病気になったとしても、死なずにすんだのだから。

ブッダ（仏教の創始者）

わずかな恩恵に感謝するだけでも、幸せで穏やかな日々を過ごすことができる。感謝の心は、気分を落ち着かせる素晴らしいエネルギーを持っているからだ。

それについて説明する前に、いつもどれぐらい感謝の心を持って生活しているかを調べる方法を紹介しよう。

――感謝の診断テスト

あなたはふだん受けている恩恵に感謝しているか、それを当然のことと思っているか、どちらだろうか？

感謝の心を持っている人が最も幸せであることは、多くの研究で証明されている。そこで、自分がどれだけ感謝の心を持っているかを見きわめることが重要になる。そのための簡単な診断テストを紹介しよう。

感謝の度合いを測定するために、どの質問にも正直に答えてほしい。そうすることによって、日ごろどれだけ感謝しているかがわかり、さらに感謝する方法が見つかる。

回答形式は次の5段階である。

1　まったくそう思わない
2　あまりそう思わない
3　どちらとも言えない
4　ややそう思う

5　とてもそう思う

次の各質問に以上の5段階で答え、その数字をすべて足したスコアが、あなたの現時点での感謝の度合いを表している。

Q1　ふだんの生活に他人がどれだけ貢献してくれているかを意識することは大切だと思うか？

Q2　毎朝、目を覚ますたびに、チャンスに満ちた新しい一日のスタートを切れることに喜びを感じるべきだと思うか？

Q3　できるだけ多くの人に手を差し伸べてあげたいと思うか？

Q4　食べ物すら買えない貧しい人たちを助けてあげたいと思うか？

Q5　自分に秘められた可能性について夢を見るのは楽しいと思うか？

Q6　定期的な運動とリラクゼーションの時間をとって健康の増進をはかることは大切だと思うか？

Q7　人生の最悪の時期を振り返って、今の自分がどんなに幸せであるかを認識すべきだと思うか？

Q8 自分より恵まれていない人たちに思いをはせて、自分のおかれている状況に満足すべきだと思うか？

Q9 自分が受けているすべての恩恵に思いをはせるべきだと思うか？

Q10 健康、家族、友人に恵まれていることに幸せを感じるべきだと思うか？

スコア

46〜50 ほぼ完全に感謝している

41〜45 たいへん感謝している

31〜40 ある程度感謝しているが、改善の余地がある

21〜30 感謝の心がかなり不足している

10〜20 感謝の心がほぼ完全に欠落しており、本書を何度も読み返す必要がある

――感謝のエネルギーが幸せを呼び寄せる

すべての感情、思考、生き物、物体など、宇宙のあらゆるものがエネルギーを持っている。エネルギーは波動をともなうから、すべてのものが波動で成り立っている。その波動の性質によって、すべてのものはさまざまな周波数を持ち、さまざまなエネルギーを拡散する。

感謝の心を持っていると、感謝のエネルギーを拡散する。このポジティブなエネルギーがあなたの波動の源泉になる。**感謝しながら考えたり行動したりすると、感謝のエネルギーを拡散し、多くの素晴らしいことを引き寄せる。**

こうしてあなたは願望を現実にしていくのである。

そのとき、あなたにできないことはないと言っても過言ではない。

そしてそのとき、あなたはポジティブなことを次々と成し遂げる。なぜなら感謝の波動が全身からあふれ出ているからだ。

――感謝の心を持つことを最優先にする

感謝のエネルギーを拡散するためには、常に感謝の心を持つように努める必要がある。しかし幸いなことに、それはけっして難しいことではない。感謝の心を持つことを一日の最優先課題にすればいいからだ。

まだ気づいていないかもしれないが、少し考えれば、**自分がするすべてのことは選べる**ということがわかるはずだ。実際、何を着て、何を食べて、どこへ行って、どんな行動をするかは、すべて選ぶことができる。

したがって、感謝の心を持つこともあなたの選択であり、次の4つのステップを踏めば簡単に実行することができる。

ステップ1　感謝しながら一日のスタートを切る

目が覚めたときにどう感じているかが、その日の気分を決める。だからその時点で気分をリセットすれば、たとえ嫌な出来事があっても、ポジティブな気分で一日を送ることができる。

目が覚めたときに気分がよくなくても、何かひとつのことに感謝しよう。たとえば、無事に目が覚めたこと、雨のあとで明るい太陽の光を見たこと、家族がそばにいてくれること、などなど。それらのことに幸せを感じよう。

ステップ2　常に感謝の言葉を唱える

一日中、感謝すべき対象を探そう。たとえば、シャワーを浴びるときは、世界中の多くの人が飲み水すら得られないのに、自分はいつでもお湯できれいに体を洗えることに感謝しよう。

服を着替えるときは、清潔な服を着られることに感謝しよう。食事をするときは、美味しい食べ物に恵まれていることに感謝しよう。友人と電話で話をするときは、スマートフォンで気軽に通話できることに感謝しよう。

事あるごとに「私は（　　　　　）に感謝し、幸せを感じる」と唱えよう。それを何度か心の中で唱えるか声に出して言い、顔に笑みを浮かべながら喜びにひたろう。

ステップ3　あらゆる状況で感謝の心を持つ

どのような状況でも感謝することを選択しよう。たとえば、上司から緊急会議に呼び出されたとか、同僚の病欠で仕事が増えたといったときでも、れっきとした職業を持って収入を得ていることや、自分の存在価値を周囲の人にアピールする機会に恵まれたことに感謝すればいい。

あらゆる状況で感謝の心を持つようにすると、それが習慣になり、一日中ポジティブな気分で過ごすことができる。

ステップ4　自分が受けている恩恵を書きとめる

一日の終わりに、自分がどんな恩恵を受けているかをすべて日記に書こう。**日中、何かが思い浮かぶたびに、そのつど簡潔に書きとめるといい。**そうすれば、あとで記憶をたどる必要がなくなる。

毎日、以上の4つのステップを実行しよう。常に感謝の心を持つことを自分に言い聞かせるために、浴室や寝室、クローゼットの扉など、自宅のいろいろな場所に簡単なメッセージを書いた紙を貼っておくといい。

その結果、いつの間にか感謝の習慣が身につき、それが基本的な姿勢として定着するはずだ。たとえば、交通渋滞に巻き込まれようと、睡眠不足だろうと、仕事で損失を計上しようと、**どんなに困難な状況でも感謝すべきことを探せば、きっと窮地から抜け出す方法が見つかるに違いない。**

今すぐ身の回りのものに感謝する練習をしよう。**当たり前だと思っていることでも、感謝すべきことはいくらでもある。**たとえば、読み書きの能力を持っていること、スマートフォンやパソコンを買う経済力があること、よい友人に恵まれていること、などなど。

ふだん受けている恩恵に感謝すれば、たちどころに幸せな気分になるはずだ。

本書を最大限に活用して感謝の心をはぐくみ、常に前進を続けよう。

今日はとても素晴らしい日だ。今までこんな日を経験したことがない。

マヤ・アンジェロウ（アメリカの活動家、詩人、歌手、女優）

究極的に、自分が受けている多大な恩恵に感謝するか、人生をなんの意味もない偶然の連続とみなすか、どちらかしかない。私は奇跡を信じ、人生を祝福し、自分の選択が大勢の人の人生に好ましい影響を与えることを願っている。

マイク・エリクソン（アメリカの実業家、政治家）

Part 2

感謝の心と豊かさ

感謝の心を持つと、恐怖心が消えて豊かさが手に入る。

アンソニー・ロビンズ（アメリカのライフコーチ）

豊かさとは「何かがたくさんある」という意味で、人生でも自然界でも成長して豊かになっていくのは、ごく自然なことである。

実際、宇宙にみなぎる生命力は、あらゆるものを生み出して豊かにしていく。だから銀河系には新しい星が次々と誕生し、森には新しい木がどんどん成長し、新しい植物が繁殖するのである。

成長は宇宙の宿命だと言える。すべてのものは宇宙の一部であり、成長するのが宿命だから、それは私たち人間にもあてはまる。

だが、ここに根源的な問いかけがある。

もし精神的にも個人的にも職業的にも成長するのが私たち人間の宿命なら、なぜ多くの人は成長を遂げることができないのだろうか？

なぜ、よりよい人間に成長することができないのか？

なぜ、豊かさを手に入れることができないのだろうか？

この問題を深く探っていくと、感謝の心が足りないことに原因がある可能性が考えられる。

パート２では、それについて説明しよう。

第4章

感謝の心と豊かさの関係

感謝の心を持つと、より高い波動を発するようになるので、よりよいものを引き寄せることができる。

ロンダ・バーン（オーストラリアの作家、『ザ・シークレット』の著者）

ほとんどの人は望んでいるものをすでに持っていることに気づいていない。たとえば、自由、愛、人とのきずながそうだ。私たちはこのことをよく理解し、常に豊かさを感じるように努める必要がある。

――感謝の心が豊かさを生み出す5つの理由

常に豊かさを感じるように努めないなら、どんなに恵まれていても貧しさを感じるだろう。**すでに十分に持っていることを理解して初めて、私たちは自分の豊かさに気づき、本当の幸せを手に入れることができる。**

感謝の心が豊かさを生み出す5つの理由を紹介しよう。

① すでに何かを持っていることに気づかせてくれる

人生の小さなことに感謝すると、自分が十分に持っていることに気づく。少しの食料と一足の靴があることにも感謝したくなるだろう。何も持っていないのではなく、少なくとも何かを持っているのだから。

② 波動を高めてくれる

感謝の心は高い波動を持っているから、感謝の心をはぐくめば、自分の波動を高めることができる。ポジティブな波動を発すれば、よりよいものを引き寄せ、豊かさを手に入れることができる。

③ 何気ないことにでも幸せを感じさせてくれる

感謝の心を持つと、子供の笑い声や友人との会食、明るい月の光など、見落としがちな出来事に喜びを感じることができる。それらのことに感謝すればするほど、よりポジティブな波動を発し、より大きな豊かさを手に入れることができる。

④ 一生懸命に努力するきっかけになる

感謝の心は満足をもたらし、前向きな気持ちにさせる。その結果、不平を言うのではなく、目標の達成に向けて全力を尽くしたくなる。謙虚な姿勢で一生懸命に努力すると、より大きな豊かさを手に入れることができる。

⑤ 与える精神を養うことができる

感謝の心を持つと、喜びを広めるために周囲の人に与えたくなる。そうすることによって、宇宙からより多くの恩恵を受け取り、より大きな豊かさを手に入れることができる。

要するに、**感謝の心は豊かさをもたらし、それが繁栄につながる**ということだ。

では、感謝の心の本質である「**豊かさ意識**」について説明し、それを身につける方法を紹介しよう。

「豊かさ意識」の7つの特徴

豊かさを自分の人生に引き寄せるためには、豊かさ意識を持つことが欠かせない。

次の7つの特徴を身につければ、あなたも豊かさ意識を持つことができる。

① 毎日、感謝の言葉を述べる

豊かさ意識を持つ人は、ふだん受けている恩恵について常に感謝の言葉を述べる。

豊かさ意識を持つためには、身の回りのものに感謝し、それを素直に表現することが大切だ。

②好きなことに意識を向ける

豊かさ意識を持つ人は、好きなことをすることにより多くの時間を費やし、常により大きな機会に備える。豊かさを手に入れたいなら、あなたもそうすべきである。自分の好きなことを見きわめて時間と労力を投資し、前向きな気持ちで目標の達成に努めよう。

③感謝の心を持つ人と一緒に過ごす

感謝の心を持つ人は、同じタイプの人と多くの時間を過ごす。そうすることによって、お互いの経験から学んで励みになるからだ。そこで、ふだん付き合っている人たちの性格を見きわめ、欠乏意識を持つ人とは距離をおき、豊かさ意識を持つ人と一緒に過ごそう。

④独自の強みを生かす

誰もが独自の強みを持っている。それに感謝をささげながら能力を開発しよう。そうすることによって、より大きなチャンスを引き寄せることができる。独自の強みを見つけ、有意義な目標を達成するためにそれを活用することが、あなたの最大の利益になる。

⑤ 明確なビジョンを持つ

豊かな人生を送りたいなら、将来に対する明確なビジョンを持つ必要がある。そこで毎日、時間をとって感謝をささげながら、自分の夢や目標をじっくり見きわめよう。

⑥ 計画を立てて行動する

豊かさ意識を持って成功を収めた人は、自分がほしいものを知っていただけでなく、それを手に入れるために努力した人である。いったん明確な目標を設定したら、彼らはそれを達成するために綿密な計画を立て、一心不乱に取り組む。それが夢や目標を実現する正攻法であり、あなたも同じ方針に従って行動すべきだ。

⑦ 周囲の人に好影響を与える

豊かさ意識を持つ人はポジティブなエネルギーを持っているから、周囲の人が向上するようにたえず励ます。常にポジティブで幸せな思考をはぐくもう。ポジティブに考えれば考えるほど、よりポジティブなエネルギーを発し、周囲の人にますます好影響を与えることができる。

以上の行動方針に従って行動するのは簡単ではないかもしれないが、いったん始めると、あなたの人生に大きな変化をもたらす。

たとえ生涯でささげた唯一の祈りが「ありがとう」と言うことだけだったとしても、それで十分である。

マイスター・エックハルト（中世ドイツの神学者）

第5章

感謝の心と引き寄せの法則

持っているものに感謝すると、ますます恵まれる。しかし、持っていないものに意識を向けてしまうと、いくらあっても物足りず、常に不満を感じることになる。

オプラ・ウィンフリー（アメリカのテレビ司会者）

引き寄せの法則とは、「似たものは似たものを引き寄せる」という普遍的な法則のことである。

あなたがいつも思っていることは、やがてあなたの現実になっていく。だから、ふだん受けている恩恵に気づかずに不平ばかり言っていると、豊かさを引き寄せることはできない。**引き寄せの法則を活用するためには、感謝の心をはぐくむことが必須条件である。**

——引き寄せの法則を活用する

前章で述べたように、私たちはたえず何らかのエネルギーを発している。このエネルギーが宇宙に放たれ、宇宙がその波動を受け取ると、それと同じものを私たちに送る。したがって、私たちが得ているものは、自分が宇宙に送っているものを反映している。

あなたの感情はこのやり取りで大きな役割を果たす。ポジティブな感情を抱いているなら、ポジティブなエネルギーを発するが、ネガティブな感情を抱いているなら、ネガティブなエネルギーを発するからだ。

感謝の心は満足と喜びをもたらす美徳である。これらの感情を抱くと波動が高まり、ポジティブなエネルギーを宇宙に発信する。宇宙はそれを受信し、ポジティブな経験をあなたに送信する。

どのような感情や思考も、それ相応の経験をともなう。だから幸せを感じているときは愉快な経験を引き寄せ、怒りを感じているときは不快な経験を引き寄せる。

——感謝の心と引き寄せの法則の関係

引き寄せの法則を活用しようとするとき、感謝の心をはぐくむのを忘れている人があまりにも多い。

私たちは夢や目標のリストを作成し、それを達成するのを楽しみにするばかりで、引き寄せの法則の最も大切な要素である感謝の心をはぐくむことを怠りがちである。

誰もが知っているとおり、一部の人は素晴らしい人生を送って満足し、他の人たちはほしいものが手に入らずに悩んでいる。後者の生き方に足りないのは、感謝の心である。

そういう人たちは感謝の心をはぐくんでいないために、宇宙が差し出す素晴らしいものを受け取ることができない。彼らはしょっちゅう不平を言い、文句や悪口などを宇宙に送信するので、宇宙はそれに見合ったものを返信するのだ。

宇宙は常に中立的である。だから私たちが何を送信しようと、宇宙はそれに応じて返信する。したがって、問題と機会のどちらをつくり出すかは、私たち自身の責任だ。

そんなわけで、**人生で素晴らしい経験を頻繁にしたいなら、素晴らしい思いを頻繁に送信する必要がある。**幸いなことに、感謝の心を持てば、それは簡単にできる。感謝の心を持っていると、ふだん受けているさまざまな恩恵に気づき、満ち足りた人生を送ることができる。宇宙はあなたの満足感を受信し、それに見合った素晴らしいものをさらにあなたに送信する。

——豊かさのルール

感謝の心をはぐくんで引き寄せの法則を活用するためには、豊かさの重要なルールを理解する必要がある。それは、「**何も所有しなくても、すべてを持つことができる**」という考え方だ。

この考え方を実践すれば、どこを見渡しても豊かさが見つかる。何かを所有することにこだわらず、それを宇宙の一部として受け入れることができるからだ。

何かを所有することにこだわるとき、それを他人と共有したいという願望を捨てることになる。その結果、強欲で嫉妬深くなり、それを他人と所有せずに自分のものにしたいと思ってしまう。宇宙はその不快な感情を受信し、不快な経験をあなたに送る。

したがって、引き寄せの法則を正しく活用するためには、このルールを理解し実践しなければならない。そのためにする必要のあることを列挙しよう。

■ふだん受けているさまざまな恩恵に気づく

- その恩恵が自分の人生にもたらす価値について考える
- 「よい仕事や愛する家族など、私はいつも多大な恩恵を受けていることに対して宇宙に感謝している」といったポジティブな言葉を繰り返して感謝の気持ちを表現する
- その恩恵が宇宙から来たことを思い起こす
- その恩恵に対する感謝の気持ちを宇宙に送信する
- 目を閉じて、自分が美しい自然の中にいる姿を想像する
- そのイメージの中で人びとが仲よく暮らしている様子を想像する

毎日、このエクササイズを実行すれば、何も所有せずにすべてのものを持つ方法が理解でき、それに対して感謝し、よりよいものを自分に引き寄せるためにその力を活用することができる。

私にはたくさんのものが与えられていますから、自分に与えられていないものに思いをめぐらせている時間はありません。

ヘレン・ケラー（アメリカの社会福祉事業家）

第6章

与えることの力

感謝の気持ちは心の豊かさのあらわれで、不平不満は心の貧しさのあらわれです。

ドリス・デイ（アメリカの女優、歌手）

与えることの力を実感するためには、感謝の気持ちを伝えることと受け取ることの両方の影響を理解することから始める必要がある。

感謝の気持ちを伝えると、それを受け取ることもできるようになる。感謝の気持ちを伝えるのは、きわめて簡単である。**思いやりにあふれた感謝の心を持ちさえすればいいからだ。**また、与えるというと、お金を与えることだと考えがちだが、必ずしもそういう意味ではない。

具体例を紹介しよう。

- 愛する人の資質をほめる。たとえば、親友が思いやりのある人物なら、自分がそれに感謝していることを伝えよう。パートナーのヘアスタイルが素敵だと思うなら、それを率直に言葉で伝えよう。
- 愛する人が一緒にいてくれることに感謝する。相手に感謝すればするほど、ポジティブな波動を宇宙に送信することができる。
- ごく普通の自然現象に感謝する。久しぶりに雨が降ったり、冬に初雪が降ったり、庭に花が咲いたりしたら、それに感謝をささげよう。
- 相手への感謝の気持ちを伝える行為をする。たとえば、パートナーが家事をしてくれていることにふだんお礼を言っていないなら、特別な夕食を用意したり綺麗な花を贈ったりして誠実な思いを伝えよう。

相手を喜ばせて笑顔にさせることは、感謝の気持ちを伝える素晴らしい方法であり、相手もおのずと同じことをしたくなるから、あなたは感謝の気持ちを受け取るこ

とができる。

今日、自分がどうやって相手に感謝を伝えたかを記録するために、それを日記に書きとめよう。そうすることによって、その方法を記憶にとどめ、日常的にそれを実行したくなるから、常に豊かさを手に入れることができる。

――持っているものに意識を向ける

豊かさを実現しようとするとき、何に意識を向けるべきかがわかっていないなら問題だ。私たちは持っていないものについて不平を言うばかりで、ふだん受けている多くの恩恵について気づいていないことがよくある。

不平不満を言うことは欠乏意識のなせるわざであり、それについてはパート3でくわしく説明することにして、ここでは、持っていないものに意識を向けると、人生でどういう損をするかを指摘しておこう。

たとえば、「何をしてもうまくいかない」と悲観すると、どんな思いが浮かんでくるかを想像しよう。きっと大きな失敗やミスを振り返り、「自分は人生の失敗者だ」と思い込むだろう。その結果、持っていないものに意識を向けてしまう。

これはほとんどの人が経験することであり、よく気をつける必要がある。私たちはいつも何に意識を向けるかを決めなければならない。そこで、次のことを実行しよう。

■自分の思考を把握する。あなたは自分が考えていることや、それが自分にどんな影響をおよぼすかをよく知っていると思っているかもしれないが、それは真実ではない。私たちは一日に5万から7万の思考を持つから、そのすべてを把握することは至難のわざだ。自分の思考を把握するためには、それを書きとめるといい。もちろん、すべての思考を書きとめることは不可能だが、頭の中で頻繁に浮かんでくる主な思考を書きとめることはできる。

■食事中に浮かんでくる最初の思考に気づく。それは感謝の気持ちを表しているか、不平不満を表しているか、どちらだろうか？　あるいは、電車で職場に向かうとき、通勤のための交通手段があり、料金を払える経済的余裕があることに感謝しているか、自家用車を持っていないことに不満を感じているか、どちらだろうか？

それらの思考を紙に書きとめて、それをじっくり眺める。そうすれば、すぐに一定のパターンがあることに気づくだろう。より多くのものをほしがり、持っているものに気づかずに不平不満ばかり言っているなら、現時点では感謝の心を持っていないと言える。

しかし、だからといって、感謝の心を持つことが永遠にできないというわけではない。本書のエクササイズを実行すれば、すぐに感謝の心を持つことができる。

受けている恩恵について十分に認識していないことに気づいたら、持っているものが人生にもたらしている価値について考える。たとえば、狭いワンルームマンションに住んでいることに不平を言っているなら、それがなければどうなるかを考えてみよう。いつも嫌いだと言っている仕事を失ったらどうなるだろうか。食べ物を買うお金がなくなったら、どんな生活を強《し》いられるかを考えてみよう。

■ すぐに現在の生活について気分がよくなるはずだから、その感謝の気持ちを書く。

■ もう一度、自分の現状を調べて、持っているものについてどう感じているかを考える。おそらく感謝の心が不平不満に取って代わるはずだ。

■ 少し時間をとって、ふだん受けているさまざまな恩恵について考え、それに対する感謝の気持ちを言葉で表現する。

■ 感謝の気持ちを込めたポジティブな言葉を声に出して10回唱える。（例「私はこの恩恵にとても感謝している」「私は自分が持っているものに満足している」）

■ 受けている恩恵をすべて列挙する。意欲をなくしたときにそのリストを見ると、すぐに再び意欲がわいてくるだろう。

毎日、このエクササイズを実行すると、やがてそれは習慣になり、受けている恩恵について感謝することが自然にできるようになる。
次のステップは、成長を阻害する欠乏意識を取り除くことだ。それについてはパート3で説明しよう。

今、少し立ち止まって、この瞬間を楽しもう。この瞬間は二度と訪れないのだから。
マキシム・ラガセ（カナダのホッケー選手）

昨日のことはもう忘れよう。それはもうすでに過ぎ去ったのだから。
明日のことを思い悩む必要はない。それはまだ来ていないのだから。
そんなことより今日に意識を向けて歓迎しよう。それは貴重な贈り物だから。
スティーブ・マラボリ（アメリカの作家）

Part

3

感謝の心と欠乏意識

豊かさとは、お金の有無とは関係なく、心の持ち方である。
スーズ・オーマン（アメリカのファイナンシャル・アドバイザー）

豊かさと感謝の心については、パート2でくわしく説明したとおりである。豊かさ意識をはぐくむことが、感謝の心を持って、望んでいる現実を引き寄せるうえで何よりも重要である理由がよくわかっただろう。

心の持ち方はふたつに大別される。すなわち、「豊かさ意識」と「欠乏意識」である。

豊かさ意識は成長と繁栄をもたらす。豊かさ意識をはぐくめば、無限の成長の可能性を秘め、どんなことでも成し遂げることができる。

一方、欠乏意識は豊かさをもたらさず、ネガティブなことにこだわる。欠乏意識はネガティブ思考に根ざしているので、「何をしても十分に手に入らず、成功を収めることができない」という思い込みにつながる。

その原因は十分に持っていないことにあると考えられがちだが、本当の原因は感謝の心が足りないことにある。

パート3では、感謝の心と欠乏意識の関係と、それを改善する方法についてくわしく説明しよう。

第7章

欠乏意識はなぜ生まれるか

感謝の心をはぐくめば、素晴らしいものがたくさん見えてくる。

メアリー・デイヴィス（アメリカのアーティスト）

欠乏意識を持っていても別に悪いことではない、とあなたは思っているかもしれない。しかし、実際にはそれは人生に大きな悪影響をおよぼす。

意外かもしれないが、欠乏意識は経済状態とは必ずしも関係がない。それはあくまでも心の持ち方である。だから、お金がたくさんあっても欠乏意識にさいなまれている人もいるし、経済的に貧しい人でも豊かさ意識を持っていることもある。欠乏意識にさいなまれているからといって、その人が無一文だとはかぎらない。

心の持ち方は、人生を形づくる信念の総和である。たしかに欠乏意識にさいなまれている人たちの多くは経済的に貧しいが、そうでないこともよくある。

欠乏意識にさいなまれると、「自分には能力が足りない」と考えがちになる。その結果、「どうせたいしたことができない」という思い込みにとらわれ、目標を達成して成果を上げるのにたいへん苦労することになる。

欠乏意識と感謝の関係

欠乏意識にさいなまれている人は、自分が成功しない理由として、「能力が足りないこと」や「不幸な星の下に生まれていること」を挙げるかもしれない。

しかし、**欠乏意識にさいなまれる本当の原因は、感謝の心が足りないことだ。**

考えてみよう。

「自分にはたいしたことができない」と思い込んでしまうのはどんなときだろうか？

もしあなたが正直なら、「ネガティブ思考にとらわれているとき」と答えるはずだ。

では、ネガティブ思考にとらわれるときはいつだろうか？

おそらく大多数の人と同様、あなたがネガティブ思考にとらわれるのは、ふだん受けている恩恵に気づかないときだ。

それはいったいなぜか？

感謝の心が足りないからだ。

――感謝の心が足りないと欠乏意識にさいなまれる

「自分は恵まれていない」と考えるだけで、人生のネガティブな側面に関する一連の思考につながる。しかも、それについて考えれば考えるほど、「自分はじつに不幸な人間だ」という思い込みが強くなる。

一方、ほんのわずかな食べ物にも感謝をささげると、食べ物がなくて飢えている人たちの苦しみが理解できるようになる。たったそれだけのことでも、自分がふだん受けている恩恵に気づくはずだ。

たとえば、食事に使う平皿が少し破損していても、お皿があることに感謝することができる。それをきっかけにリビングの古いソファに意識を向け、そこに座って快適に過ごせることに幸せを感じるだろう。

こんなふうに**感謝の心は次から次へとポジティブな連鎖反応を起こす。**すべてのものを持っていなくても、十分に持っていることに気づき、自分が恵まれていることがわかるはずだ。その結果、不平を言う癖は直る。

不平を言う癖が直ると、本当にしたいことに意識を向けることができるから、能力を発揮して目標を達成し、豊かな人生を築くきっかけになる。

これはいたって単純明快なことで、このポジティブな姿勢があなたの生き方になる。

この章の内容をよく理解したら、次章では、欠乏意識にさいなまれている人の特徴と、それを克服する方法について説明しよう。

感謝の心を持つことは尊いと思う。とても謙虚な気持ちにさせてくれるから。

アンドラ・デイ（アメリカの女優、歌手）

第8章

欠乏意識を克服する方法

たとえお金がなくても、私は感謝をささげたい。朝は日の出を見て喜び、夜は月を見て楽しむことができるのだから。

アーヴィン・バーリン（ロシア生まれのアメリカの作詞・作曲家）

欠乏意識にさいなまれているかぎり、豊かさを引き寄せることはできない。その結果、精神的にも経済的にも満たされない日々を送ることになる。感謝の心を持っている人たちの仲間入りをするためには、欠乏意識を克服しなければならない。

欠乏意識の特徴を理解すれば、自分がその悪影響を受けているかどうかがわかる。

――欠乏意識の7つの特徴

欠乏意識の特徴を指摘するだけでなく、それを豊かさ意識と比較しながら、どのような影響をおよぼすかを説明しよう。適切な選択をするうえで参考にしてほしい。

①小さく考えがちになる

悲しいことだが、欠乏意識は思考力を低下させる。思考がネガティブな状態にとどまり、大きな夢を持つのが怖くなって小さく考えがちになる。「自分には能力がないので、夢を実現するなんて無理だ」と思い込んでいるからだ。

一方、**豊かさ意識は勇気の原動力となり、大きな夢を持つことを恐れなくなる。**その結果、「やる気を出して頑張れば、どんな夢でもかなう」と確信し、思い切って行動することができる。

②ないものに意識を向けてしまう

欠乏意識はビジョンを狭めるので、自分の人生にないものに意識を向けてしまう。

たとえば、あなたは贅沢な休暇を過ごせないことに不満を抱いているかもしれないが、温かい友情に恵まれていることや読み書きができること、日の出とともに起きることといった、人生の他の喜びに気づいていない。

③ 悲観的な人生観に陥りやすい

欠乏意識を持っていると、人生の素晴らしさに気づかず、チャンスを逃したことや失敗したことについて後悔の念にかられ、何をしてもうまくいかないと思い悩むことになる。その結果、いつまでたってもうだつが上がらない状態が続き、人生を祝福するどころか、明けても暮れても不平ばかり言ってしまう。

一方、**感謝の心をはぐくむと、人生に対して楽観的になることができる。**ネガティブな経験から学んで成長を遂げ、すべての瞬間を最大限に生かして幸福と成功の階段を徐々に昇っていくことができる。

④ 変化を恐れがちになる

変化を起こすのは怖いかもしれないが、欠乏意識にさいなまれていると、変化を恐れるあまり身動きがとれなくなる。変化を乗り越える自信がないので、過酷な世の中で生き残れないと思い込んでしまう。

一方、**豊かさ意識を持っていると、変化を歓迎し、それがどんな恩恵をもたらしてくれるかに思いをはせることができる。**なぜなら、「どのような状況であれ、ポジティブな要素が必ず見つかる」という確信があるからだ。そういう気持ちで前進を続ければ、やがて成功を収めることができる。

⑤ ささいなことで取り乱しやすい

欠乏意識にさいなまれていると、ささいなことでも取り乱しやすい。その結果、じっくり考えず、あわてて行動してしまうので、たいていうまくいかず、しょっちゅう不平を言うはめになる。

一方、**豊かさ意識を持っている人はいつも冷静に物事を処理するので、メリットと**

デメリットを比較しながら綿密な計画を立てることができる。その結果、賢明な決断をするから、幸福感がますます高まる。

⑥ 保守的になって成長を拒んでしまう

欠乏意識はビジョンを狭めるので、「自分はもうすべてを知っている」と思い込み、保守的になって成長を拒むようになる。自分がつくった限界を超えようとせず、学習して成長する必要性を認めようともしない。だからいつまでたっても向上しない。

一方、**豊かさ意識を持っている人は、たえず知識と知恵と成長を求める。**常にスキルアップをめざして情熱を燃やすので、いつも何かを学ぶために努力する。その結果、スキルを伸ばして大きな成果を上げることができる。

⑦ ネガティブな感情に振り回されやすい

人間は感情の生き物だから、ネガティブな感情を経験するのは当然のことである。

とはいえ、それにこだわって振り回されるのは賢明な態度ではない。その原因はたいてい欠乏意識にさいなまれていることだ。

ネガティブな感情に振り回されると、精神的に不安定な状態に陥りやすい。その結果、うまくいっていないことに意識を向けてしまうから、いつまでたっても成長を遂げることができなくなる。

一方、**豊かさ意識を持っていると、ネガティブな感情に振り回されないので、悪いパターンからすぐに抜け出すことができる。**ネガティブな感情をうまく処理するから、判断力が鈍ったり性急な判断をくだしたりすることがない。その結果、うまくいっていることに意識を向け、冷静に行動し、人生を切り開くことができる。

以上の指摘について考えれば、自分が欠乏意識と豊かさ意識のどちらを持っているかがわかるはずだ。そこで、もし欠乏意識を持っていることがわかったなら、次にする必要のあることを説明しよう。

欠乏意識を克服する簡単な方法

欠乏意識を克服するのは意外と簡単である。**豊かさ意識と取り換えればいいのだ。**

その方法を紹介しよう。

- 数日間、欠乏意識の特徴を念頭において、自分の思考や心の持ち方、振る舞いをじっくり観察する。
- 物事が思いどおりにいかないときに自分がどんな反応をしているかに気をつけ、日ごろどれくらい不平を言っているかを観察する。
- 欠乏意識という観点から自分の性格について気づいたことを書きとめる。
- 「私は豊かな人生を送っていることに感謝している」と唱えながら、実際に豊かな人生を送っている様子をイメージする。

毎日、以上のことを実行すれば、数日間で驚くほどポジティブな気持ちになって勢いをつけることができる。そこで、その勢いをさらに大きくするために、次章の提案を参考にしてほしい。

あなたが世の中に与えているよりもはるかに多くのものを、世の中はあなたに与えてくれていることに気づこう。

カマル・ラヴィカント（アメリカの起業家、投資家）

第9章

欠乏意識を豊かさ意識と取り換える

感謝は最高の思考形態である。感謝することによって驚きに満ちた感動が生まれ、そのおかげで幸福感が二倍になるからだ。

G・K・チェスタトン（イギリスの小説家、詩人、批評家）

感謝の心をはぐくめば、大きな恩恵を受けることができる。まるで魔法にかかったように穏やかな気持ちになり、人生が輝きを増すことを実感するだろう。

しかし、そのためには、まず欠乏意識を克服する必要がある。そこで次のことを実行しよう。

① 大きく考え、大きな夢を持つ

もしお金や時間、その他の制約条件がなければ、人生でどんなことを成し遂げたいかを考えてみよう。

② 人生の豊かさに意識を向ける

人生で足りないものに意識が向かうたびに、人生で足りているものに意識を切り替えよう。

ポジティブに考える習慣を身につければ、**それまで気づかなかった数々の恩恵に感謝するようになる。**

たとえば、家族や友人の笑顔について考えてみよう。太陽の恵みについて考えてみよう。子供と遊ぶ喜びについて考えてみよう。人生の豊かさに意識を向ければ、満ち足りた気分にひたることができる。

③ ポジティブなことに意識を向ける

うまくいかなかったことに意識を向けるのではなく、ポジティブに考えれば何がうまくいくかを想像しよう。**今、この瞬間にできることに意識を向ければ、答えが浮かんでくるはずだ。**

また、ポジティブな質問を自分に投げかけよう。たとえば、**「なぜ失敗したのか？」ではなく、「今度はどうすれば成功できるか？」と自問するといい。**

脳は投げかけられた質問の意味合いに応じて回答する。だからネガティブな質問を投げかけると、ネガティブな答えしか得られないが、ポジティブな質問を投げかければ、ポジティブな答えが得られる。

④ 変化を歓迎する

変化は人生の一部である。その事実を受け入れると、前進することが容易になる。だから変化に抵抗するのではなく、変化を歓迎しよう。きっとあなたは「どうすればそれができるのか？」と思っているに違いない。

変化に直面したら、少し時間をとって冷静になろう。そして、**深呼吸をして、「この変化に隠されているよいことは何か？」と自問しよう。**洞察力と観察力を駆使すれば、変化に隠されているよいことを見つけてポジティブな気持ちで前進することができる。

⑤ 学習意欲を高める

学ぶ人は常に成長し、たえず自分を磨くことができる。だからいつも新しいことを学ぶ習慣を身につけよう。その一環として、仕事に必要な新しいスキルを探すといい。たとえば、パソコンを使って仕事をしているなら、ワードのショートカットキーやエクセルの関数を学ぼう。あるいは、スマートフォンの新機能を見つけることもできる。新しいことを学び続ければ、視野がどんどん広がることに驚くだろう。

感謝の心を持っているのに、それを表現しないのは、素晴らしいプレゼントを持っているのに、それを隠しているようなものだ。

ウィリアム・アーサー・ウォード（アメリカの作家、詩人）

Part

4

感謝の心とマインドフルネス

ピグレットはようやく悟った。自分にはとても小さな心しかないけれど、感謝の気持ちをいっぱい持つことができる、と。

『くまのプーさん』より

『くまのプーさん』の原作とアニメは、子供だけでなく大人のあいだでも非常に人気がある。その理由は、生きるための素晴らしい知恵と愛が作品の中で見事に表現されているからだ。

ピグレットの言葉は、感謝の気持ちを持つために必要なことを教えてくれる。心の大きさは関係ない。**いったん感謝の気持ちを持てば、あなたの心は愛と幸せと温かさで満たされる。**

ピグレットは感謝の心をはぐくんだ。なぜなら感謝の心に秘められた力に気づき、それが生き方におよぼす作用を理解したからだ。**感謝の心をはぐくむための必須条件は、マインドフルネスを実践することである。**

あなたはマインドフルネスについて独自の考えを持っているかもしれないが、それでかまわない。なぜなら、それは主観的であり、その意味は人によってまちまちだからだ。

とはいえ、マインドフルネスを感謝の心という観点から考察し、このふたつの関係を理解することはとても重要である。パート４ではそれに焦点をあてよう。

第10章

マインドフルネスと感謝の心の関係

人生とはじつにおもしろいもので、いったん感謝しているものに意識を向け始めると、自分が持っていないものはどうでもよくなってくる。

ジャーマニー・ケント（アメリカの実業家、女優、作家）

感謝の心をはぐくむためには、「**持っていないもの**」から「**持っているもの**」に**意識を切り替える**必要がある。

いったん感謝の心をはぐくむと、考え方がポジティブになり、満足と喜びにひたることができる。ポジティブに考えて、現在に意識を向ける能力は、マインドフルネスと大いに関係がある。

そこで、マインドフルネスについて深く掘り下げて考え、それが感謝の心とどのように結びつくのかを説明しよう。

――「今この瞬間」に意識を向けるマインドフルネス

マインドフルネスとは、現在に意識を向け、ネガティブな感情を持たずに今この瞬間を存分に経験することである。

ところが、私たちはいろいろなことをしながら、過去や未来のことについてたえず思い悩んでいる。たいていの場合、人びとは過去のことを後悔し、未来のことを不安に感じているのが実情だ。

しかし、過去のことについて残念がり、未来のことについて心配したところで、悔恨の念や不安感などのネガティブな感情が強くなるばかりで、欠乏意識を助長することになる。結局、こういう精神状態は幸せを台無しにしてしまう。

感謝の心をはぐくむためには、この問題を解決する必要がある。その際、マインドフルネスを実践することが役に立つ。

マインドフルネスと感謝の心の密接な関係

マインドフルネスと感謝の心が相まって、人生に多くの笑いと喜びをもたらす原理を紹介しよう。

■私たちはふだん過去や未来のことに思いをめぐらせているので、受けている恩恵をめったに意識しない。しかし、マインドフルネスを実践すれば、今この瞬間に意識を向け、受けている恩恵に気づくことができる。

■私たちが間違いに固執して自己嫌悪に陥ったり、自分を不当に扱った人たちを憎んだりしているのは、過去に生きているからだ。ときおり過去を振り返るのはいいが、いつまでも過去にこだわってはいけない。マインドフルネスを実践すれば、今この瞬間に生きることの重要性が理解できる。過去と折り合いをつけて前進することを選べば、今この瞬間に感謝することができる。

人生の喜びと充足感はいろいろなことから得られる。そのひとつは自分の深い欲求を探ることだ。そうすることによって、自分をより理解し、喜びと充足感をもたらす活動に励むことができる。とはいえ、それはときには難しい。先入観に固執して、批判的な目で物事を見てしまうからだ。

たとえば、自分は溺れるに決まっているから泳ぎたくないと思い込んでいても、やってみたらうまくできるかもしれない。こんなふうに先入観に固執していると、本当は楽しめる可能性のある活動を断念することになる。マインドフルネスを実践すれば、新しい経験に挑戦し、自分に適した活動を追求することができる。よりワクワクする発見をして、人生がより有意義なものになる。

私たちが今この瞬間を歓迎できないのは、自分の感情にとらわれていることに原因がある。つまり、その感情をあまりにも深刻に受け止めて、いつまでもしがみついてしまっているのだ。その結果、ほんの数分間で終わるはずの感情が、何カ月も何年も人生を支配することになる。

恐怖や不安、怒り、不満、嫉妬、ストレスなどのネガティブな感情にとらわれているかぎり、今この瞬間に幸せを感じることはできない。この問題の適切な解決策は、感謝の心をはぐくむことであり、それによって自分の感情をうまく処理できるようになる。その結果、あなたは愛にあふれ、心の平和を得ることだろう。

以上のポジティブな変化が起きたら、深い喜びに満ちた人生を送ることができる。

次章では、マインドフルネスを実践する方法を紹介しよう。

私たちが本当に生きていると言えるのは、心の中が感謝の気持ちであふれている瞬間だけである。

ソーントン・ワイルダー（アメリカの劇作家、小説家）

第11章

マインドフルネスを実践する方法

過去にとらわれたり、未来を恐れたりしてはいけない。怒り、不安、恐怖に支配されるのではなく、今この瞬間に集中し、人生を楽しもう。それがマインドフルネスである。

ティク・ナット・ハン（ベトナムの禅僧、学者、詩人）

今この瞬間があなたの人生だ。だからそれを歓迎し、楽しみ、今を生きよう。

この章では、感謝の心をはぐくんで、より幸せな人生を送るために、マインドフルネスを実践する効果的な方法を説明したい。

私たちは基本的に8種類の感情を持っている。すなわち、怒り、喜び、信頼、恐怖、驚き、悲しみ、憎しみ、嫉妬である。

不満、警戒、疑念、苦悩、称賛、激怒など、私たちが経験するその他のすべての感情は、この8種類の感情のどれかに由来する。

私たちは感情の生き物だが、かなり利口でもある。ただし、その条件として自分の感情をうまくコントロールできなければならない。

自分の感情をうまくコントロールし、よりよく理解し、その気づきを利用して感謝の心をはぐくむ方法を紹介しよう。

■恐怖や怒り、嫉妬などのネガティブな感情を経験し、それに反応したくなる衝動を感じるたびに、その状況から距離をおき、冷静になって自分の感情を探る。

■恐怖や怒り、嫉妬などのネガティブな感情が強すぎるなら、深呼吸をして気持ちを落ち着かせる。5秒間、鼻から息を吸い、7秒間、口から息を吐こう。私たちは不安やストレスを感じると、ふだんより多く息を吸うので、より多く息を吐くと気持ちを落ち着かせることができる。

- 気持ちが落ち着いてきたら、自分が抱いている感情を正確に把握する。もし激怒しているなら、その元になっている感情は何か？　それがわかったら、その根底にどんな感情があるかを見きわめよう。たいていの場合、怒りは抑圧された悲しみに由来している。その感情を理解するために時間をとろう。

- 「私は怒りを抱き、それを歓迎する」と唱えて、その感情を受け入れる。いったんその感情を受け入れることができたら、その元になっているネガティブな感情は収まる。この練習は自分の感情に反応したくなる衝動を抑えることができる。

- 最終的に、自分の感情が何を教えてくれているかを考える。この気づきは自分の振る舞いを把握し、よりよい決定をくだすのに役立つ。

- 自分に感謝して前進を続ける。

毎日、この練習をすれば、自分の感情を受け入れられるようになる。それに対する理解が深まるにつれて、恐怖や怒り、嫉妬などのネガティブな感情を鎮めて感謝の心をはぐくむことが容易になる。

以上のように自分についての洞察を得たら、ふだんの生活にそれを取り込もう。なぜなら、それがマインドフルネスを実践する方法だからだ。次章では、感謝の心をさらにはぐくむための具体的な方法を紹介したい。

われわれは今までの人生でお世話になった人たちに思いをはせ、時間をとって感謝をささげるべきである。

ジョン・F・ケネディ（アメリカの政治家、第35代大統領）

第12章

人生の恩恵と試練

幸せは身分や所有物とは関係がない。それは考え方次第だ。だから私たちは毎日、感謝すべきことを思い浮かべる必要がある。

デール・カーネギー（アメリカの著述家）

マインドフルネスを実践し、感謝の心をはぐくめば、感謝すべきことはいくらでも見つかる。いつも幸せにひたりたいなら、次のことを試してみよう。

――食事に感謝する

食事は日々の暮らしの重要な一部である。通常、私たちは一日に2、3回、食事をするが、ともするとグルメ志向が強く、ひたすら味を追求する傾向があるので、食べ物に対して常に感謝しているとはかぎらない。

多くの人はたいてい急いで食事をし、しかも必要以上にたくさん食べている。自分では食事を楽しんでいるつもりかもしれないが、さっき何を食べたかすら覚えていないことがよくある。また、食べ物の味や食感、栄養価についてもあまり考えず、とにかくお腹いっぱい食べることを目標にしている。

そこで、適切な食べ方は、「マインドフルネスな食事」を心がけることだ。一回に少しずつ口の中に入れ、それをゆっくり噛んで、味や食感に意識を向け、それから飲み込もう。

マインドフルネスな食事とは、必要なときに必要な分だけ食べ、それを楽しむことである。それを実行すると、一口食べるたびに感謝するようになる。

これはとても大切なことで、おやつであれフルコース料理であれ、あなたはそれに感謝し、豊かな気持ちにひたることができる。

マインドフルネスな食事のポイントを列挙しよう。

- どんなに質素な料理でも、食卓の上の食べ物に感謝の祈りをささげる。（例「今、私は食べ物に恵まれていることに深く感謝している」）

一口食べて、その味と食感を十分に楽しむ。

できれば30回ほどゆっくり噛んでから飲み込む。

それぞれの食べ物の味覚を感じ取る。食べ物を「味がない」とか「おいしくない」と大ざっぱに分類するのではなく、正確な味を見きわめよう。苦いか、酸っぱいか、こげているか、薄味か。正確な味を表現することによって、それをあるがままに受け入れることができる。

ある程度食べたら、胃の具合を調べて、もっと食べる必要があるかどうかを決める。もしもっと食べたいと感じたら、もう少しだけ食べてみる。そして、もう満腹だと感じたら、感謝をささげながら食事を終えよう。

こんなふうに食事をして、自分が食べ物に対してどれだけ感謝するようになったかを以前と比較してみよう。そうやって得られた結果は、この習慣を継続する動機づけになるに違いない。

――マインドフルネスを実践して人生に感謝する

ふだん受けている恩恵を当然のことのように思うのは、多くの人が陥りがちな悪い癖である。もちろん、毎朝起きることについて大騒ぎをする必要があると言っているのではない。しかし、自分がいつ死ぬかは誰にもわからないのだから、今こうして生きていることに感謝するのはとても大切である。

人生に対して深く感謝しよう。なぜならこれがあなたの現実なのだから。

- 毎朝、目が覚めたら、新しい一日を迎えられたことに感謝する。
- ポジティブな言葉を唱えて感謝をささげる。（例「私は今日という日に感謝し、それを最大限に活用する」）

■少し時間をとって、つま先から頭のてっぺんまで全身を調べる。つま先を回し、両腕を伸ばし、両手の指を素早く動かし、頭をさわりながら、自分の体の各部位を自由に使えることに感謝しよう。

■何度か深呼吸をしながら、新しい一日に期待を込めて感謝をささげる。

健康に感謝する

人生に対して感謝するのと同じように、健康に対しても感謝しよう。「健康は財産だ」という古来の金言を忘れてはいけない。

■自分の体調を調べて、健康であることに感謝しよう。呼吸をし、動き回り、軽く走るといった日常の生活動作を快適にすることができるなら、あなたはとても健康であり、それに対して感謝すべきである。

■たとえ病気を抱えていても、生きていることに感謝しよう。高血圧や糖尿病などの生活習慣病を患っている場合でも、呼吸をしているかぎり、健康であることに感謝をささげよう。

健康に感謝するためのポジティブな言葉を紹介しよう。

■「私は健康であることに感謝している」
■「私はとても健康でそれに幸せを感じている」
■「私は呼吸するたびにますます健康になる」
■「私は最高の体調でいられることに感謝している」
■「私は理想体重を維持し、とても気分がいい」

──自分自身に感謝する

自分の外見を恥じると、精神的に不安定になって自信を失いやすい。もしかすると二重あごや二の腕のたるみが気になっているかもしれない。あるいは、背が低いことが悩みの種かもしれない。

しかし、自分との関係に折り合いをつけたいなら、自分という存在のあらゆる側面に感謝する必要がある。あなたの肉体はあなたの一部であり、それに感謝しないかぎり、心の平和を得ることはできない。

自分の容姿に感謝するための簡単な秘訣を紹介しよう。

- 仰向けになるか椅子に座る。
- 何度か深呼吸をして、つま先に意識を向ける。
- つま先を回しながら、「今日、私はつま先に感謝をささげる」と唱える。
- 少しずつ意識をつま先から足、腰、腹、胸、首、顔、頭に移動し、自分の肉体の各部位に感謝をささげる。

■その際、自分の体のあらゆる部位についてどう感じているかに注意を払い、ネガティブな感情が浮かんでくるかどうか見きわめよう。たとえば、二の腕のたるみが気になるなら、なぜ自分がそんなふうに感じるのかを考えよう。その感情を認め、その正当性を疑問視しよう。その理由を探りながら、自分を受け入れる必要があることを思い起こそう。

次のポジティブな言葉を唱えるといい。

■「私は自分の体をあるがままに受け入れて大切にする」
■「私の体は素晴らしい宝物で、私はそれに感謝している」
■「この瞬間、私は自分を存分に受け入れる」
■「私の体はポジティブな要素にあふれている」
■「私は健康な体に恵まれていることに感謝している」

以上のポジティブな言葉を頻繁に使って、自分に感謝する習慣を身につけよう。それには多少の時間がかかるかもしれないが、いったんそれができれば、すべての瞬間に人生のすべての側面に感謝することだろう。
パート5では、感謝の心に関する別の側面について考えてみよう。それは、感謝の心と試練についてである。

あなたの労働が感謝の証しであり、人間の尊厳に対する畏敬の念にあふれたものでありますように。

マハトマ・ガンジー（インド独立の父）

幸せを見つけるために特別な瞬間を追い求める必要はない。なぜなら感謝の心を持ちさえすれば、幸せはすぐそこにあるからだ。

ブレネ・ブラウン（アメリカの心理学者）

Part

5

感謝の心で試練を乗り越える

小さなことでも存分に楽しもう。あとで振り返ったとき、大きなことだったと気づくかもしれないから。

ロバート・ブロールト（アメリカのエッセイスト）

大なり小なり、試練は誰の人生にも付き物である。だから、どんなに感謝の心をはぐくんでも、いずれ試練は訪れる。

矛盾しているように聞こえるのは承知している。きっとあなたは「感謝の心をはぐくめば平穏な日々を過ごせるというのなら、なぜ試練は人生に付き物なのか？」と思っているに違いない。

たしかに感謝の心をはぐくむことは素晴らしいし、心の平和をもたらしてくれる。しかし、すべての人と同様、あなたは次の理由によって必ず試練に直面する。

① 感謝の心をはぐくんで日がまだ浅いなら、たぶんまだ欠乏意識にさいなまれている。それを克服しようと決意しても、そう簡単にはいかず、不平を言う習慣に逆戻りすることもあるだろう。これ自体が大きな試練である。

② たとえときおり感謝していても、その気持ちをいつも表現するのは難しいかもしれない。とくに心の中で自分にネガティブなことを言う癖があるなら、気分が落ち込みやすくなる。

③ 人生のポジティブな側面を見るのは素晴らしいが、試練に見舞われると、それは困難になる。もしたびたび失敗を経験しているなら、それを乗り越えてきたことに感謝をささげるのは至難のわざかもしれない。

どのような試練にも効果的な解決策がある。それをひとつずつ紹介していこう。

第13章

失敗と障害に感謝する

自分の身に起こるすべてのよいことにたえず感謝をささげる習慣を身につけよう。究極的に、すべてのことが進歩につながるのだから、すべてのことに感謝すべきである。

ラルフ・ワルド・エマーソン（アメリカの思想家）

① 拒絶に対する感謝

拒絶されると誰でもショックを受ける。不意打ちだった場合はとくにそうだ。もし長年の願いを打ち砕かれたら、きっと精神的に落ち込んでしまうだろう。

就職の面接で拒絶されようと、恋焦がれてきた人に拒絶されようと、どのような拒絶も耐えがたいことである。

当然、拒絶されたと感じると不満や怒りを抱くから、そういう状況で感謝することは至難のわざだ。しかし、そんなときこそ、あきらめずによりよい日々をめざして前進するために感謝の心をはぐくむ必要がある。

その方法を紹介しよう。

※ 拒絶されたことを認めて、その事実を紙に書く。

※ 自分の気持ちを確認し、苦しみを受け入れる。とはいえ、私たちは気分をよくするために苦しみを隠そうとすることがある。だが、それは益よりも害のほうが大きい。なぜなら苦しみから目をそむけると、それはさらに強まる傾向があるからだ。だからまず自分の心の傷を素直に認めよう。

※ 次に、その状況に隠されたポジティブな要素について考える。きっと自分の弱みに気づき、よりよい機会に備えるために改善するきっかけになる。たとえば、就職試験で拒絶されたなら、スキルを磨いて次回はより高収入の仕事に応募すれば

いい。

■ また、拒絶されたことによって、より強い自分になり、あきらめずに前進を続ける方法についても考える。

■ さらに、本当にほしいものを明確にする。たとえば、あなたは自分をふった女性を愛していなかったのかもしれない。それは単なる刹那《せつな》的な願望によるものだった可能性がある。

■ この先によいことが待っている可能性について考える。前進を続ければ、実際によい経験をすることができる。

■ 以上のポジティブな側面をすべて書きとめながら、その一つひとつに感謝をささげる。たとえば、「私はこの経験に感謝している」と唱えるなら、言葉のポジティブな波動を感じながら、それをはっきり意識して口に出そう。

拒絶されたときに感謝するには大きな勇気が必要だが、あなたはそれをすることができる。そのためには自分の中に秘められた力を発揮しさえすればいい。

② 失敗に対する感謝

挫折して物事が思うようにいかないとき、落胆するのはごく自然なことである。しかし、**そんなときこそ投げやりになるのではなく、改善に向けて努力するために感謝の気持ちを持つことが大切だ。**

失業や不合格などの挫折に見舞われたとき、まず、自分がつらい思いをしていることを認めよう。

次に、それを書いたり話したりすると、自分の感情を表に出すことができる。そうすることによって気持ちを落ち着かせよう。

いったん気持ちが落ち着いたら、その経験がどんな恩恵をもたらすかを考えよう。その際、3つのポジティブなことを思い浮かべるといい。たとえひとつしか思い浮かばなくても、想像力を働かせれば、少なくとも3つは見つかるはずだ。たとえば、スキルを磨く機会が得られる、人前で話す力がつく、家族と過ごす時間が増える、などなど。

リストを作成しながら、不運に見舞われたと思える状況に感謝をささげよう。その際、たとえば「この挫折の中にポジティブなことが見つかって、とても感謝している」と唱えると効果的だ。

初めのうちは実行するのが難しく思えるかもしれないが、**挫折の中にポジティブなことが見つかって感謝できるようになる。**それを習慣にすれば、人生の喜びが大きく増えることだろう。

ふだんの生活の中ですでに持っている素晴らしいものに気づくことが、すべての豊かさの始まりである。

エックハルト・トール（ドイツ生まれでカナダ在住の作家）

第14章

感謝の心をはぐくんで強欲を抑える方法

喜びがあるから感謝するのではなく、感謝するから喜びがあるのだ。

デヴィッド・スタインドル・ラスト（アメリカの修道士、作家）

感謝の心は、おとぎ話に出てくる魔法の薬に似ているかもしれない。魔法の薬を飲むと、永遠の命を授かって、たちまち若返る。それと同様に、感謝の心も驚異的な効果をもたらす。

もちろん、感謝の心をはぐくんでも、永遠の命が授かるわけではなく、たちまち若返ることもない。しかし、**人生で直面する難題の多くをすんなり解決する力が得られる**のはたしかだ。

この章では、感謝の気持ちにあふれた人生を送るうえで直面する可能性のある問題と、それを乗り越えるための知恵を紹介しよう。

――感謝の心は強欲を抑える

もっとほしいと思うのは人間の本性であり、多くの人がなんでも最高のものをほしがる原因である。しかし不幸なことに、この傾向は深刻な問題を引き起こす。いったん最高のものをほしがるようになると、それは際限がない。なぜなら何かを手に入れても、もっといいものがほしくなるからだ。たとえば、寝室が3つある家を買ったら、次は寝室が6つで広い庭付きの豪邸がほしくなり、最新の高級車を買ったら、さらに別の高級車がほしくなる、といった具合である。

一部の人はその口実として、「もっといいものをほしがることが前進につながり、より大きな目標を達成するためのモチベーションになる」と主張する。しかし、**より大きな目標を達成することと強欲であることのあいだには明確な違いがある。**

強欲とは、あり余る富や権力などを手に入れようとする利己的で行き過ぎた願望のことである。人間は強欲に支配されると、何を手に入れても満足しなくなる。

一方、より大きな目標を達成することは、それとはまったく違う。有意義な目標を設定して、そのために一生懸命に努力し、目標を達成したことに感謝することができるからだ。

要するに、**より大きな目標を達成することと強欲であることの違いは、感謝の心があるかどうかだ。**

強欲に支配されないために気をつけるべきことは次のとおりである。

- ふだん受けている恩恵を常に意識する。
- 何かを手に入れたいという強い願望を抱いたら、少し時間をとってその願望について考え、正当性と重要性を検証する。
- 「それは本当にほしいものか?」「それはどういう感情に由来しているか?」「それは人生にどんな価値をもたらすか?」と自分に問いかける。

■その問いについて熟考し、答えを書いて、それに気づいたことに感謝する。

強欲は大きな支配力を持っているが、あなたはそれを抑える力を持っている。感謝の心をはぐくめば、強欲のために自滅することはない。

感謝の心は最高の美徳であるだけでなく、他のすべての美徳を生み出す原動力にもなる。

キケロ（古代ローマの政治家、雄弁家、哲学者）

Part

6

感謝の心を実践する

生き方にはふたつしかない。ひとつは、どんなことも奇跡ではないかのように生きることで、もうひとつは、どんなことでも奇跡であるかのように生きることだ。

アルベルト・アインシュタイン（ドイツ生まれのアメリカの物理学者）

感謝の心を持つと、いたるところに奇跡を見ることができる。なぜなら、人生それ自体が祝福すべき喜びであることに気づくからだ。

感謝の心をはぐくむには、常にその習慣を身につけることが重要である。たった一日の運動で筋肉質の体をつくることはできないのと同様、たった数分間、身の回りのものに感謝をささげたところで、愛にあふれた豊かな暮らしをすることはできない。それを実現するためには、一日に数回、毎日、取り組む必要がある。

また、それをしながら、感謝の心をはぐくむ方法に工夫をしよう。たったひとつの活動しかしなければ人生におもしろみがなくなるのと同様、感謝の心をはぐくむ方法がたったひとつしかなければ興味が薄れてしまうかもしれない。

幸いなことに、感謝の心をはぐくむ方法はいくつもあり、しかも厳密なルールがあるわけではない。

パート6では、毎日、感謝の心をはぐくむ方法をたくさん紹介しよう。

第15章

感謝の心を持つための「ものの見方」

多くの人はバラにトゲがあることに不満を抱いているが、私はトゲにバラがあることに感謝している。

アルフォンス・カー（フランスの小説家、評論家）

感謝の心をはぐくむ秘訣は、ものの見方を変えることだ。たとえば、バラの茎に鋭いトゲがあることに不満を抱くのではなく、鋭いトゲのある茎の先端に綺麗なバラの花が咲くことに感謝しよう。

日ごろ何かにつけて不平を言う習慣が染みついているなら、ものの見方を変えるのは難しいと感じるかもしれない。

しかし幸いなことに、ものの見方を変えるのはそんなに難しいことではない。あなたは本書を読んで、これまで紹介してきた方法に取り組むことによって、変化を起こすきっかけをつかんでいる。さらに必要なのは、もう少しレベルアップすることだ。

本書をここから読んでいるなら、始めるのに打ってつけのタイミングだと言える。感謝の心をはぐくむための効果的な方法を紹介しよう。

①「朝の感謝のリスト」をつくる

毎朝、起きたときに感謝している5つのことを書き出すことを習慣にしよう。たとえば、快適な部屋で目覚めたこと、生産的な一日を楽しみにしていること、美味しいコーヒーを飲めることなど、**毎朝、幸せを感じる5つのことを思い浮かべて、それに対する感謝の気持ちを言葉で表現しよう。**

日記の一部を「朝の感謝のリスト」として利用するといい。毎朝、そのリストを見て感謝すべきことを思い出すことができる。落ち込んだときや何に感謝していいかわからないときはとくに効果的だ。

②「夜の感謝のリスト」をつくる

このリストは「朝の感謝のリスト」と似ているが、主な違いは朝ではなく夜にリストをつくることだ。**一日の終わりに、その日の楽しい出来事を頭の中で再生し、感謝していることを５つ書き出そう。**

たとえば、取引が成立したこと、無事に帰宅したこと、友人との会話がはずんだこと、子供が学校で楽しく過ごしていること、パートナーと夕食をとったことなど、その日の幸せな瞬間をすべて振り返り、それを書いてみよう。

数日後、あなたはその習慣を身につけ、毎晩、その日の楽しい出来事を思い出して感謝をささげるようになるだろう。

③ポジティブな言葉を日記に書く

日記帳かノートを取り出し、感謝の心にもとづくポジティブな言葉をたくさん書いてみよう。

私たちは挫折や逆境に見舞われると精神的ダメージを受けやすいから、感謝の心をはぐくむのが難しくなる。しかし、この日記はそんなときにとても役に立つ。何にどのように感謝すればいいかがわかるからだ。

感謝の言葉にもとづくポジティブな言葉の具体例を紹介しよう。

「私はこの新しい日に感謝している」
「私は自分の人生に感謝している」
「私は生きていることに喜びを感じる」
「私は自由に動き回れることに感謝している」
「私は健康であることに感謝している」
「私はこの季節に幸せを感じる」
「私は今この瞬間に満足している」
「私は衣食住のすべてに深く感謝している」
「私はさまざまな恩恵を受けていることに感謝している」

④ いろいろな表現で感謝を伝える

お礼を言うことは、相手への感謝を言葉で伝える大切な方法である。代表的なセリフを紹介しよう。

「手伝ってくれてありがとう」
「あなたにはたいへん感謝しています」
「あなたはとても優しい人ですね」
「あなたがしてくれたことに感激しています」
「あなたのおかげで今日も楽しい気分で過ごせます」
「励ましてくれてありがとう」
「あなたはいつも思いやりにあふれているので、私はとても嬉しいです」
「思慮深い方ですね」
「あなたの親切に感謝しています」
「いつも応援してくれてありがとう」

「困ったときに味方になってくれてありがとう」
「心からお礼を申し上げます」
「すぐに返信してくれてありがとう」
「一緒にいてくれてありがとう」

相手によって感謝の気持ちを表現する方法は多種多様である。以上の具体例を参考にして、状況や相手との関係に合わせて応用するといい。

次章では瞑想に関するテクニックを紹介しよう。

どんなに才能があっても、他人の助けを借りなければ成功を収めることはできない。賢者はそれをよく知っているから、助けてくれる人たちに感謝をささげる。

アルフレッド・ノース・ホワイトヘッド（イギリス生まれのアメリカの哲学者）

第16章

瞑想する

感謝の心を持って過ごす人生には、平和で静かな喜びがある。

ラルフ・ブルーム（アメリカの文化人類学者）

瞑想が意味するものは、人によってさまざまである。一部の人はそれを「静かに考えること」と表現し、他の人はそれを「マインドフルネスを実践する手段」とみなし、また他の人はそれを「今この瞬間と一体になること」と解釈する。

しかし、瞑想をどのように定義しようと、その本質は、今この瞬間を受け入れ、それに意識を向けることにある。そうすれば、今この瞬間を存分に経験することができる。

瞑想するためには、今この瞬間に集中する必要がある。そうすることによって、マインドフルネスを実践し、感謝の心をはぐくむことができる。

――感謝の心をはぐくむ瞑想のポイント

初心者にも効果がある簡単な瞑想のポイントを紹介しよう。

- 最初は10分間が長いと感じるかもしれないので、タイマーを2分に合わせよう。もちろん、いきなり10分間にわたって瞑想できるなら素晴らしい。それをこれから数日間、さらに数週間やってみよう。
- 中断されずに少しのあいだ瞑想することができる静かな場所を見つける。
- 瞑想は一人でするのが好ましい。また、運転中や洗濯などの雑用をしているときは瞑想すべきではない。

■背筋を伸ばして、ゆったりとした姿勢で座る。横になったほうが楽だと感じるならそうしてもよい。

■目を閉じるか、2メートルほど手前に軽く焦点を当てる。鼻から深く息を吸い、口から息を吐く。数秒間、自分の呼吸に注意を払い、空気が体内を循環して出ていく様子を観察する。

■息を吸いながら意識の中にたえず浮かんでくる思いや計画、記憶について考え、息を吐きながらそれらの思いを外に出す。すぐに自分の思考と感情が明晰になるのを感じるだろう。その結果、感謝をささげることに集中しやすくなる。

■自分が宇宙で最大の贈り物に恵まれていることについて考える。すなわち、母親が生んでくれたこと、授乳してくれたこと、おむつを交換してくれたこと、体を洗って服を着せてくれたこと、育ててくれたことについて、じっくり考えてみよう。あなたはそのおかげで大きくなることができたのだから、それに感謝すべきである。

▪

次に、聴力に恵まれていることに感謝する。聴力は非常に重要な能力なのだが、ふだんそれを当然のこととみなしがちだ。聴力のおかげで身の回りの音を聞くことができて何かを学べるという事実について考えてみよう。鳥のさえずり、オーケストラの演奏、ニュースキャスターの解説、自分の声や愛する人たちの声を聞けることがどれだけ素晴らしいかを考えてみよう。

▪

心臓の鼓動を聞けることについて考える。今この瞬間、心臓が全身に血液を運搬し、生命を維持するために活動してくれていることに感謝しよう。

▪

さらに、ふだんの生活に便利さと快適さをもたらしてくれているすべてのことに思いをはせる。スイッチを入れるだけで部屋が明るくなり、蛇口をひねるだけで飲み水が得られ、リモコンを操作するだけで室温を調整でき、電話のボタンを押すだけで愛する人たちと通話でき、インターネットにアクセスするだけで必要な情報を入手でき、屋根があるおかげで雨や風、暑さ、寒さをしのげることに感謝しよう。周囲を見渡しながら、いつも安全で快適な生活を送り、職場で生産性を高めて効率よく働けることに感謝をささげよう。

習慣を身につけるには何度も繰り返す必要がある。スマートフォンのリマインダーを利用し、瞑想の習慣を身につけるメリットをたえず意識しよう。

次章では、それをもっと進めて、さらに感謝の心をはぐくむ方法を紹介しよう。

社会から恩恵を受けることを当然の権利だと考えるのは大きな害悪である。そういう姿勢には感謝の心が完全に欠落している。

アダム・スミス（イギリスの経済学者、哲学者）

第17章

すべての瞬間に喜びを見いだす感謝の習慣

「ありがとう」と言うことは、誰にとっても最高の祈りである。それは相手の厚意に対する謙虚さと理解を示している。

アリス・ウォーカー（アメリカの作家）

素晴らしいことに、感謝の祈りをささげる方法はたくさんある。人生のすべての瞬間を喜びにあふれた有意義なものにするための簡単な方法を紹介しよう。

――自分に思いやりを持つ

自分に思いやりを持つことは、幸せでバランスのとれた人生の秘訣のひとつである。しかし残念ながら、それを軽視している人があまりにも多い。

自分に思いやりを持つことは、それによって気分がよくなるだけでなく、困難を乗り越え、逆境に見舞われても幸せを追求し、たえず感謝の心をはぐくむ方法でもある。それは前進を続けるためのモチベーションになる。

たえず自分に優しい言葉をかけ、自分にポジティブに話しかけよう。自分の価値を否定する言葉が頭の中で聞こえてきたら、常にそれをポジティブな言葉に置き換えよう。たとえば次のような言葉が効果的だ。

- 「私はいつも親切で愛情にあふれている」
- 「私の人生はとてもうまくいっている」
- 「私は常に幸せを感じ、前向きに生きる」
- 「私はたえず向上に努めている」
- 「私は自分にも他人にも思いやりを持っている」
- 「私は自信にあふれた強い人間だ」
- 「私は才能に恵まれ、それを効率的に発揮する」

次の3つのステップを行動に移そう。

1　自分の本当のニーズを見きわめ、それを満たすために全力を尽くす。
2　今後もずっと頑張れるように、ときには自分に何らかのご褒美を与える。
3　自分の間違いを許し、後悔を避け、今この瞬間を最大限に生きる。

――10分間で感謝をささげる

一日に2回、10分間の休憩をとって感謝をささげるためにアラームを設定しよう。そのタイミングは昼休み、困難な課題の合間、仕事のあと、帰宅後など、いつでもいい。その10分間で、感謝をささげたいことや人を思い浮かべよう。あなたは常に日々の経験に感謝することができる。

たとえば、同僚が美味しいコーヒーを持ってきてくれたこと、上司が仕事ぶりを高く評価してくれたこと、友人が励ましのメッセージを送ってくれたこと、仕事が終わって無事に帰宅できたこと、などなど。

10分間、ふだん受けている恩恵について考えると、すぐに気分が落ち着いて心の平

和が得られることに驚くだろう。

――仕事に対して感謝の心をはぐくむ

ときには仕事がきつくて疲れがたまり、息が詰まりそうになることがあるかもしれない。嫌いな仕事に就いている場合はとくにそうだ。

とはいえ仕事は人生の重要な一部だから、日々の労働がつらいという思いのために落ち込まないように、仕事に対して感謝の心をはぐくむ必要がある。その方法を紹介しよう。

- 毎日、仕事を始める前に、仕事に関する3つのポジティブな要素を思い浮かべる。たとえば、仕事があるおかげで生計を立てることができる、頑張って働くことで自分を磨くことができる、人びとの役に立って社会に貢献することができる、などなど。
- それらのことを紙に書き、じっくり考えてみる。
- 次に、何らかの理由で失業した人たちを思い浮かべ、自分が幸運にも仕事に恵まれ、収入を得て生活を維持していることに感謝をささげる。

■ さらに、少し時間をとり、目を閉じて、仕事で成果を上げている様子を想像する。とりわけ最も嫌な課題を自分がやり遂げている姿をイメージしよう。

■ 仕事を始める前にこの練習を5分間おこない、再び日中にそれをする。自分の仕事に感謝すると、困難を乗り越えて働くことに喜びを見いだすことができる。

——感謝の名言集をつくる

本書で紹介している名言やインターネットで見つけた名言を集めて、感謝の心を持つことに関するオリジナルの名言集をつくってみよう。

落ち込んだときは、それを見て声に出して読むと効果的だ。たちまち気分が高揚し、問題に取り組む意欲がわいてくるだろう。

——身近な人に感謝の手紙やメッセージを送る

毎日、感謝の気持ちがあふれたメッセージをメールや手紙、その他の手段で身近な人に送ろう。自分の写真に感謝のメッセージを添えてもいい。家族、親戚、友人、知人、同僚に対する感謝の日を設定するのも一案だ。

相手のためにさりげなく親切なことをする

「ありがとう」と言う以外にも感謝を伝える方法がある。相手のためにさりげなく親切なことをするのがそうだ。

家族や友人、知人、同僚などの身近な人を思い浮かべ、その人のためにさりげなく親切なことをしよう。たとえば、職場にお菓子をそっと差し入れる、近所の人が不在のときに犬の世話をしてあげる、パートナーにサプライズのプレゼントを贈るなど、相手のために何かをしよう。

つまり、**誰かを微笑ませるようなことをすると、相手だけでなく自分も気分よく過ごせる**ということだ。

さらに、よい習慣を定着させるために、イメージトレーニングと日記にもとづく方法を取り入れるといいだろう。それについては次章でくわしく説明しよう。

本当に心から感謝しているなら、あなたは何をするだろうか？　感謝の気持ちを相手と分かち合うはずだ。

クレメント・ストーン（アメリカの実業家）

第18章

イメージトレーニングと日記のテクニック

心の平和、満足、豊かさなど、何を期待しているにせよ、それは必ず手に入る。ただし、感謝の心を持って受け入れる準備ができている場合に限定される。

サラ・バン・ブレスナック（アメリカの作家）

感謝の心は常に豊かさを引き寄せる。なぜなら感謝の心を持っている人は、あらゆる状況でよいものを見るすべを身につけているからだ。

感謝の心を持つと、何事も悪いとか不可能には見えなくなる。なぜなら、**よいことは必ず見つかるし、どんなことでも常に可能性を秘めている**ことが理解できるからだ。その結果、あなたはますます豊かになる。

ここでは、感謝の心をはぐくむためのイメージトレーニングと日記のテクニックを紹介しよう。

――10分間の感謝のイメージトレーニング

イメージトレーニングとは、頭の中でポジティブなシナリオをつくり、それを信じ、その経験を引き寄せる練習である。人間の脳は現実と想像を区別できないから、あなたの信じているものを受け入れる。

そこで感謝のイメージトレーニングが重要な役割を果たす。これは感謝の心をはぐくむための簡単で効果的な方法だから、ぜひふだんの生活に取り入れるといい。

1　毎日、10分間を確保し、静かな場所を用意する。
2　楽な姿勢で座って目を閉じる。
3　光が心の中に入ってきて、体の隅々まで穏やかに拡散する様子をイメージする。
4　その光が強まるにつれて、自分がより幸せで楽観的になる様子をイメージする。
5　その光が自分から発散されている様子をイメージする。
6　その光が感謝であり、それが自分の心身を満たすにつれて、喜びを周囲に拡散している様子をイメージする。

7 自分が生きる喜びにひたっている様子をイメージする。

毎日、この練習をするうちに、感謝の習慣が徐々に定着し、日常のさまざまなことに感謝することが自然にできるようになる。

―― 10分間の感謝の日記

ふだん受けている恩恵に思いをめぐらせ、感謝の心がどのように人生を有意義にしてくれているかを10分間で日記に書こう。

もし人生のネガティブな側面にたびたび不平不満を言っていることに気づいたら、感謝の心がどのように自分を冷静で快活で楽観的にしてくれるかを書いてみよう。その記録をたえず振り返れば、常に感謝の心を持つことの重要性がわかるはずだ。

―― 幸せな瞬間を思い出す

毎日、これまでに経験した幸せな瞬間を少なくともひとつ思い出そう。

たとえば、初めて自転車に乗ったとき、家族で海に行ったとき、ピクニックで友達と一夜を過ごしたとき、愛するパートナーと初めてキスしたとき、などなど。**幸せな瞬間を思い出すと、人生の喜びが増え、感謝すべきことがたくさんあることに気づくはずだ。**幸せな瞬間をどんどん記録し、それを頻繁に振り返ろう。

──人生の奇跡について書く

ありえないと思っていた幸運な出来事が起こることが人生には何度かある。たとえば、あきらめていた勝利、昇進、受賞がそうだ。

これらのことは人生の奇跡であり、あなたはそれに感謝すべきである。そういう経験を振り返り、そのおかげで人生が好転したことを日記に書こう。

「感謝すべき奇跡なんて自分の人生にはひとつもない」と反論するかもしれない。しかし、**ポジティブな視点に立って考えれば、奇跡と言ってもいいくらい素晴らしいことはいくらでも見つかる。**

いったんこの練習をすると、すぐに気に入って実行したくなるだろう。

親切心は感謝の心の重要な一部であり、この練習で大きな役割を果たす。それについては次章で説明しよう。

持っているものをすべて数えれば、自分がどんなに恵まれているかがすぐにわかる。

ロバート・クイレン（アメリカのジャーナリスト）

第19章

感謝の心と親切心

感謝の心をはぐくめば、他者に対する尊敬の念がわいてくる。

ダライ・ラマ14世（チベットの宗教的指導者）

親切心は、社会の中で人びとが調和し、お互いに敬意を持って暮らしていくために必要である。実際、私たちが健全な社会生活を営むうえで、親切心は不可欠だと言っても過言ではない。この章では、それについてくわしく説明しよう。

親切心とは他人に思いやりを持つことであり、それによって相手への気づかいを示すことができる。当然、それは感謝の気持ちをともなう。

親切心は世の中から消えつつあるように見えるかもしれないが、実際には親切心はすべての人の中にまだ存在している。ただし、**他人への深い理解と愛情をはぐくみ、相手を支援してあげたいという誠実な思いを持つ必要がある。**それができたら、相手に対する感謝の気持ちを表現することは、ごく自然にできるようになる。

感謝の心と親切心を実践する方法を紹介しよう。

――不親切な人にも親切にする

不親切な人に親切にすることはとても難しいから、あなたは抵抗を感じるかもしれない。しかし、この世から悪意と憎しみを消し去るために、私たちはもっと思いやりのある人間にならなければならない。

もちろん、他人にだまされて都合よく利用されないように気をつける必要があるが、不親切な人にも親切にすることはとても大切だ。人びとは過酷な世の中で傷つけられたり痛めつけられたりしているので、自分の身を守ろうとしてやっきになっている。だから、**人びとが本当に必要としているのは、周囲の人の親切心である。**

もし友人が落ち込んでいたり、近所の人がしかめ面をしたり、同僚が不機嫌な素振りを見せたりしたら、その人たちにすすんで親切にしてあげよう。たとえば、優しい言葉をかける、お菓子をあげる、綺麗な花を渡す、などなど。**あなたの純粋な親切心は人びとの琴線にふれ、彼らも周囲の人に親切にするきっかけになる。**

——共感力を育てる

思いやりを持つことは素晴らしいが、相手を本当に理解して、きずなを深めるためには共感力を育てる必要がある。共感は思いやりをさらに一歩進めたもので、相手の立場に立って、その人の苦しみを自分のものとして経験することである。

いったん相手の苦しみを感じ取ることができたら、その人の心の痛みを理解することができる。そのとき、あなたは相手に救いの手を差し伸べようと努めるだろう。さらに、自分がふだん受けている恩恵に気づき、それに感謝したくなるに違いない。

共感力を育てるためには、他人が感じている心の痛みに意識を向けなければならない。だからといって相手の私生活まで詮索する必要はない。ただ、相手の苦しみを想像すればいいのだ。それだけでも相手が感じている心の痛みが理解でき、どうすれば力になれるかがわかる。

その際、他人の問題を疑ってかかったり、相手を弱いと決めつけたりするのではなく、誠実な気持ちで寄り添うことが大切である。

――毎日、ひとつでも親切な行為をする

- 高齢者が道を渡るのを手助けする
- 親に電話をして、気づかっていることを伝える
- 同僚に仕事の手伝いが必要かどうかを尋ねる
- 自分のためにコーヒーを淹れるときは、周囲の人にコーヒーを飲みたいかどうかを尋ねる
- 愛情のこもった素敵なメッセージをパートナーに送る
- 階段で自分の前を高齢者が昇り降りしているときは辛抱してペースを落とす
- 電車やバスの中で高齢者や子供、妊婦を見たら、立って席をゆずる
- 電車の切符を買うのに苦労している人を見たら手伝ってあげる
- 老人ホームや孤児院、避難所で何らかの活動に参加し、微笑みを交わす
- 衣服や靴、本、家庭用品などを施設に寄贈する
- 共鳴できる活動に取り組んでいる慈善団体に毎月いくらかのお金を寄付する

- 仕事が遅れている部下に優しく接する
- 宿題や雑用に手間取っている子供に怒鳴るのではなく冷静に対処する
- 愛する人に感謝のメッセージを送る

以上のことは小さな行為のように見えるかもしれないが、それがもたらす波及効果は計り知れないものがある。親切なことをすると、相手を明るい気分にするだけでなく、その人が他の人たちにも同じように親切にしたくなるきっかけになる。

つまり、**思いやりにあふれたひとつの親切な行為が、一連の親切な行為の出発点になる**ということだ。その結果、あなたの親切な行為は次々と連鎖し、多くの人の琴線にふれて思いやりを周囲に拡散させるのである。

これまで感謝の多くの側面について紹介してきた。では、いよいよ人生の核心に迫る重要な側面について論じよう。すなわち、人間関係についてである。

パート7では、感謝の力を活用して愛する人たちとのきずなを深め、自他ともに幸せな人生を手に入れる方法について考えてみよう。

親切な行為をするのに早すぎることはない。ためらっていると、すぐに遅すぎることになる。

ラルフ・ワルド・エマーソン（アメリカの思想家）

内なる炎が消えることは、誰でもときおり経験する。だが、それは人との出会いによって再び燃え上がる。内なる炎を燃え上がらせてくれた人に思いをはせて、私たちは心から感謝をささげるべきである。

アルベルト・シュバイツァー（ドイツの神学者、哲学者、医師、社会事業家）

Part

7

感謝と人間関係

感謝の心を持つことは、あなたの人生と周囲の人の人生に喜びと笑いをもたらす。

アイリーン・キャディ（スコットランドの作家）

人間関係を築いて発展させるためには、優しい言葉と愛にあふれた行為が欠かせない。信頼や愛情、敬意、誠実さ、温かさがあれば、きずなはより一層深まる。

それができるのは、相手を大切に思い、相手の存在に感謝しているときだけである。配偶者や子供、兄弟姉妹、親、親戚、同僚、経営者、友人、知人など、あなたが人間関係を発展させたいと思っている人は全員、それを必要としている。

感謝の心がもたらす主な恩恵は、親密な人間関係を築けることだ。感謝の心を持っている人は、そうでない人と比べて、人間関係をより円満にし、長続きさせることができる。

配偶者や子供、親との関係がうまくいかないことを気にかけているなら、相手に対する感謝の心をはぐくむ必要がある。このやり方は魔法のような効果を発揮する。**感謝の心には、こじれた人間関係を修復する力がある**からだ。

パート7では、この点に焦点をあて、壊れかけたきずなを元に戻し、人生を喜びにあふれたものにする方法を紹介しよう。

第20章

パートナーに感謝する

感謝することは生まれつきの能力ではなく、努力して身につけるべき資質である。ちょうど努力して体を鍛えるのと同じことだ。

ラリッサ・ゴメス（アメリカの女優）

愛する人がそばにいてくれるなら、人生で味わう悲哀も耐えられる。たしかに逆境や挫折に見舞われるのはつらいが、愛する人が寄り添ってくれるなら、その痛みは多少なりともやわらぐ。

この章では、感謝の心を通じてパートナー（または配偶者）との関係を発展させる方法を紹介しよう。

感謝の心でパートナーとのきずなを深める

誰かを愛することはとてもいい気分だ。その人と一緒に人生を送り、多くの素晴らしい瞬間を共有することは大きな喜びである。

しかし、パートナーとの関係は、ときおりうまくいかなくなることがある。意見の対立や衝突が続くと、円満だった関係にひびが入るからだ。

たいていの場合、その原因は相手に対する感謝の気持ちが足りないことである。ふだんのデートであれ、毎日の結婚生活であれ、パートナーに対する感謝を忘れると、急に物事がうまくいかなくなる。

もしパートナーとの関係に危機感を抱き、きずなを深めて再び情熱を燃やしたいと思っているなら、関係修復をめざして相手に感謝する習慣を身につける必要がある。

その方法を紹介しよう。

■毎朝、相手を愛していることを伝える。もし遠く離れて暮らしているなら、愛にあふれたメッセージを頻繁に送ろう。

■ 毎日少なくとも一回、相手の誠意に対する感謝を伝える。たとえば、逆境に見舞われた時期や仕事に専念していた時期に一緒にいてくれたことに感謝しよう。

■ ときおりサプライズのギフトを贈る。花やチョコレート、感謝の気持ちを書いたカードを贈ると、相手に幸せを感じさせることができる。

■ 二人でいるときは特別の配慮をして相手との時間を大切にする。

■ 食事の準備や家庭サービスなど、パートナーが何かをしてくれたら、それに深く感謝していることを言葉で伝える。

■ パートナーをほめる。たとえば、容姿やスタイル、振る舞いなどが素晴らしいことを伝えると、相手に愛情を感じさせることができる。

■ 会話中はパソコンやスマートフォンに注意を向けるのではなく、パートナーとのコミュニケーションに集中する。一緒に多くの時間を過ごして喜びを分かち合えば、相手に対する愛情を示すことができる。

以上の方法を試してみると、ほんの数日で、消えかかっていた炎を再び燃え上がらせることができるはずだ。

もし子供がいるなら、そのおかげでより幸せな人生を送っていることを感じているに違いない。そこで、子供にも感謝の気持ちをしっかり伝える必要がある。その方法については次章で説明しよう。

感謝の心をはぐくめば、ありふれた一日でも充実した一日になり、平凡な仕事でも喜びにあふれた活動になり、普通の機会でも大きな恩恵をもたらす出来事になる。

ウィリアム・アーサー・ウォード（アメリカの作家、詩人）

第21章

子供に感謝する

子供の手をとると、心が浮き立って天にも昇る気分になる。

ヘンリー・ウォード・ビーチャー（アメリカの牧師、著述家）

もし子供がいるなら、子供が親の人生にどれだけの彩りを添えてくれるか、毎日どんなに素晴らしいことを教えてくれるかをよく知っているはずである。

それを考えると、子供に感謝することがどんなに重要であるかがよく理解できるだろう。子供に愛されて、きずなを深めたいなら、子供を大切に思っている気持ちを伝える必要がある。その方法を紹介しよう。

——子供に感謝の気持ちを伝える

残念ながら、高価なプレゼントを買い与えさえすれば、子供の心をつかめると思い込んでいる人があまりにも多いのが現状だ。しかし、実際には、**子供とのきずなを深め、愛情と優しさと気づかいを伝える唯一の方法は、一緒に楽しい時間を過ごすことである。**

子供は親ができるだけ一緒にいてくれることを望んでいる。自分を大切にしてもらっていることを態度で示してほしいのだ。もちろん、それをやりすぎて甘やかすのはよくないが、子供に感謝の気持ちを伝える必要はある。

その方法を紹介しよう。

- 毎朝、心を込めて笑顔で子供とあいさつを交わす。子供を抱き締めながら、愛していることを伝える。
- 抱き締めることを必要としていない年長の子供に対しては、一緒に過ごせることに対して感謝の気持ちを伝える。

■ 子供がすでに大きくなっていて別々に暮らしているなら、愛にあふれたメッセージをときおり伝える。

■ 子供の小さな努力に対して感謝を伝える。たとえば、子供が自分の部屋を整理整頓していることに気づいたら、その努力をほめる。

■ 子供がどんなに素晴らしいかを伝える。たとえば「おまえはとてもよくできた子だ」と言うことは、子供に自分の価値を認識させる素晴らしい方法である。

■ 誕生日やお祭りのときだけでなく、ときおりプレゼントを贈る。ただし、高価なプレゼントである必要はない。子供にチョコレートを渡すだけでも十分である。

■ 一緒に食事をして、食べ物に感謝の祈りをささげる。これを家族全員で実行すると、持っているものに対する感謝の気持ちを子供に教えることができる。持っているすべてのものに感謝することの重要性は、幼いときから教える必要がある。

■ 子供が間違いを犯しても、あまり厳しく叱責しないほうがいい。子供を処罰するのではなく、自分の行為の結果を理解させ、間違いから学ぶことの重要性を強調する。

■ 毎日、学校での出来事や読んだ本について語り合い、一緒に遊んで子供と有意義な時間を過ごす。

■ 子供が自分の気持ちを打ち明けたら、じっくり聞く。子供が泣いているときは「強くなれ」と言って突き放すのではなく、寄り添って慰めてやることが大切だ。

■ お弁当箱に「いつもありがとう」と書いた紙を添える。

以上のことを誠実な気持ちで実践すれば、子供はあなたを今まで以上に信頼し敬愛するようになる。子供とのきずなが深まったら、次章では親や親戚とのきずなを深めることについて説明しよう。

人間を突き動かしている最大の心理的要因は、自分を大切に扱ってほしいという強烈な願望である。

ウィリアム・ジェームズ（アメリカの心理学者）

他者への感謝の気持ちを言葉や行動で伝えることを先延ばしにしないように、われわれはいつも気をつけなければならない。

アルベルト・シュバイツァー（ドイツの神学者、哲学者、医師、社会事業家）

第22章

親や親戚に感謝する

子供はわれわれの最も貴重な財産だ。

ハーバート・フーバー（アメリカの政治家、第31代大統領）

あなたは「子供はわれわれの最も貴重な財産だ」という言葉に共鳴することだろう。言うまでもなく、あなたの親もあなたに対して同じ感情を抱いている。きっと彼らはあなたを愛し、大切に育ててくれたに違いない。

しかし残念なことに、どんなに親を愛していても、あわただしい生活の中で親に対する感謝の気持ちを表現することを怠ってしまいやすい。

多忙な日々を送っているのは理解できるが、愛する人たちに感謝することはとても大切だ。彼らがいてくれるからこそ、自分が幸せな気分で暮らせるのだということを忘れてはいけない。

――親や親戚に感謝する

あなたが子供のころに親を必要としていたように、親もあなたを必要としている。もちろん、いつも一緒にいることはできないかもしれないが、**親に優しい言葉をかけることはいつでもできる。**たいていの場合、どんなに気づかっているかを伝えるだけでも親を安心させることができる。

その方法を紹介しよう。

- もし親と別々に暮らしているなら、「今日も一日、元気に暮らしてね」という愛にあふれたシンプルなメッセージをメールか電話で伝える。
- 就寝前に親に対する思いをメールで伝える。

▪ 数日に一度、愉快な思い出を両親と共有し、楽しい子供時代を過ごさせてくれたことに対して感謝の気持ちを伝える。

▪ 親がしてくれたすべてのことに対する感謝の気持ちをメールで伝える。

▪ 定期的に感謝の手紙を自筆で書き、気のきいたギフトを添える。

▪ 誕生日や特別な日、休日に親に対する感謝の気持ちを伝える。

▪ 別々に暮らしているなら、なるべく親に会いに行く。これは親子関係を円満にするうえで非常に大きな意味を持つ。

▪ 親が何らかの作業をするのが困難なようなら、できるだけ手伝う。

▪ 親戚については、数週間ごとに思いやりのあるメッセージを送り、電話をして体調を気づかう。

▪ 定期的に家族で集まり、近況を報告し合い、素晴らしい思い出を一緒に振り返る。

あなたはすでに素晴らしい人生を送っているかもしれないが、以上の指針に従えば、さらに素晴らしさが増すだろう。

家族や親戚と同様、友人や同僚も人生で重要な役割を果たす。もしふだんその人たちに対する感謝の気持ちを伝えていないなら、今後はそうする必要がある。それについては次章で説明しよう。

黙って感謝しているだけなら、誰にとってもあまり大きな意味を持たない。

ガートルード・スタイン（アメリカの小説家）

第23章

友人や仕事仲間に感謝する

真の友人は、たとえ物理的に離れていても、心の中では離れ離れにならない。

ヘレン・ケラー（アメリカの社会福祉事業家）

友人はあなたの人生に笑いと冒険をもたらしてくれる。親しい友人と一緒にいると、ワクワクしながらきずなを深めることができる。

友人が人生を喜びにあふれたものにしてくれるのと同様、同僚や取引先も仕事を手助けしてくれる大切な存在だ。したがって、さまざまな立場の人たちと健全で幸せな関係を維持し、公私にわたって豊かな人生を送るためには、友人や仕事仲間にもたえず感謝の気持ちを伝える必要がある。

――友人に感謝する

友人はいつも愛にあふれたメッセージを送ってもらうことを期待していないかもしれないが、日ごろ大切に思っていることを伝えてもらうと非常に喜ぶだろう。感謝の心にもとづく、友人を喜ばせる行動を紹介しよう。

- 友人の誕生日をスマートフォンのリマインダーで設定し、その日になったらお祝いの言葉を述べる。
- 友人たちのグループをつくり、お互いに近況を報告し合う。友人が特別な機会を得たら、「おめでとう。頑張って」と伝えるか、実際にそこへ行って応援する。
- 定期的に友人に電話をし、じっくり話をする。
- 相手がしてくれたすべてのことに対する感謝を伝えるメッセージを定期的に送る。

▪ 少なくとも年に1回は友人にサプライズのプレゼントを贈る。

▪ 友人に助けを求められたら、都合が許すかぎり、寄り添ってあげる。

友人のために心を込めてすることは、それがなんであれ、固い友情というかたちであなたのもとに返ってくる。

――仕事仲間への感謝

雇い主、上司、部下、同僚、取引先のどれであれ、あなたの職業人生で重要な役割を果たしているから、感謝の気持ちを伝える必要がある。その方法を紹介しよう。

▪ 仕事を教えてくれたことに対して上司に感謝の言葉を述べる。支えてくれたことに対して感謝の手紙やメールを送ってもいいし、直接お礼を言ってもいい。

- 支えてくれていることに対する感謝の気持ちを同僚に伝える。
- 同僚に親切なことをする。たとえば、同僚の仕事を手伝ったり、食事やお茶に誘ったりする。
- 取引先への感謝の気持ちを込めてプレゼントを贈る。

私たちは子供や友人や使用人にごちそうを振る舞って空腹を満たすのを手伝うが、彼らの自尊心を満たすのを手伝うことはめったにない。優しさにあふれた労《ねぎら》いの言葉をかければ、美しい音楽のように彼らの記憶に末永く残るのに、それを怠っているのである。

デール・カーネギー（アメリカの著述家）

幸せな人生を送るための必須条件は、感謝の心を持つことだ。感謝の心を持てば、ふだん受けている多くの恩恵に気づいて喜びにひたることができる。

ジェイムズ・ファウスト（アメリカの弁護士、政治家）

毎日、身の回りのすべてのものに感謝の気持ちを込めて、5分間の祈りをささげよう。ふだんの生活の中で多くの奇跡に注目しよう。この5分間の祈りは、自分の人生に畏敬の念を持つのに役立つ。

ウェイン・ダイアー（アメリカの心理学者）

おわりに

感謝の心を持つと、苦悩がやわらぐ。

ニール・ドナルド・ウォルシュ（アメリカの作家）

私はこの名言の生き証人である。感謝の心を持つようになって、それまで抱えていた多くの問題が徐々に消えたからだ。

感謝の心は今では私の人生に深く浸透し、身の回りのものや出来事に感謝しない日は一日たりともない。

たとえ物事がうまくいかず、毎日が単調でつまらないように思えても、感謝すべきことは必ず見つかるはずだ。

あなたが常に感謝の心を持って日々を快適に過ごし、最高の自分になることを願ってやまない。

本書は、感謝の心に秘められた素晴らしい力を活用し、それによって人生を好転させる方法を説いている。各章には、感謝の心を通じて幸せを手に入れるための提案が示されている。

ぜひ、それを実行して成果を上げてほしい。

どれぐらい恩恵を受けるかは、あなた次第である。

今日、あなたは何に感謝をささげるだろうか？

読者の皆様へ

最後までお読みいただきありがとうございます。

たくさんの本がある中で、本書を選んでくださったことに深く感謝いたします。

内容はいかがでしたか?

もし本書を読んで、いくらかでも参考になったと感じたら、たいへんお手数ですが、アマゾンにレビューを書いて感想をお知らせいただけると幸いです。

読者の皆様のご意見とご支援を、今後の著作活動に役立てていきたいと存じます。

どうぞよろしくお願いします。

スコット・アラン

スコット・アラン（Scott Allan）

カナダ出身のライフコーチ、著述家。著書は40冊以上あり、世界16か国で翻訳され、100万部以上を売り上げている。邦訳書には、本書の他『GREAT LIFE　一度しかない人生を最高の人生にする方法』（ディスカヴァー）がある。

日本企業で20年以上にわたりビジネストレーナーを務め、能力開発の研究と実践に1万時間以上を費やしてきた。その経験にもとづき、人々の可能性を追求することを使命としている。岡山県に26年間在住し、モチベーションに関する講演活動もおこなう。

GRATITUDE 毎日を好転させる感謝の習慣

発行日　2022年10月21日　第1刷
2024年10月21日　第5刷

Author　スコット・アラン
Translator　弓場隆
Book Designer　カバーデザイン　井上新八
本文デザイン　山之口正和+齋藤友貴(OKIKATA)

Publication　株式会社ディスカヴァー・トゥエンティワン
〒102-0093　東京都千代田区平河町2-16-1 平河町森タワー11F
TEL　03-3237-8321(代表) 03-3237-8345(営業)
FAX　03-3237-8323
https://d21.co.jp/

Publisher　谷口奈緒美
Editor　藤田浩芳　安永姫菜

Store Sales Company
佐藤昌幸　蛯原昇　古矢薫　磯部隆　北野風生　松ノ下直輝　山田諭志
鈴木雄大　小山怜那　町田加奈子

Online Store Company
飯田智樹　庄司知世　杉田彰子　森谷真一　青木翔平　阿知波淳平　井筒浩
大﨑双葉　近江花渚　副島杏南　徳間凜太郎　廣内悠理　三輪真也　八木眸
古川菜津子　斎藤悠人　高原未来子　千葉潤子　藤井多穂子　金野美穂
松浦麻恵

Publishing Company
大山聡子　大竹朝子　藤田浩芳　三谷祐一　千葉正幸　中島俊平　伊東佑真
榎本明日香　大田原恵美　小石亜季　舘瑞恵　西川なつか　野﨑竜海
野中保奈美　野村美空　橋本莉奈　林秀樹　原典宏　牧野類　村尾純司
元木優子　安永姫菜　浅野目七重　厚見アレックス太郎　神日登美
小林亜由美　陳玟萱　波塚みなみ　林佳菜

Digital Solution Company
小野航平　馮東平　宇賀神実　津野主揮　林秀規

Headquarters
川島理　小関勝則　大星多聞　田中亜紀　山中麻吏　井上竜之介　奥田千晶
小田木もも　佐藤淳基　福永友紀　俵敬子　池田望　石橋佐知子　伊藤香
伊藤由美　鈴木洋子　福田章平　藤井かおり　丸山香織

Proofreader　株式会社鷗来堂
DTP　株式会社RUHIA
Printing　シナノ印刷株式会社